강남부자가 선택한
부동산

역세권지주 건물주된다

강남부자가 선택한 **부동산**

초판인쇄	2018년 10월 02일
초판발행	2018년 10월 11일
지은이	최윤희 김현기
발행인	조현수
펴낸곳	도서출판 더로드
마케팅	최관호 조원호 신성웅
표지&편집 디자인	오종국 Design CREO
ADD	경기도 고양시 일산동구 백석2동 1301-2
	넥스빌오피스텔 704호
전화	031-925-5366~7
팩스	031-925-5368
이메일	provence70@naver.com
등록번호	제2015-000135호
등록	2015년 06월 18일
ISBN	979-11-6338-003-0-03230

정가 17,000원

강남부자가 선택한
부동산

역세권지주 건물주된다

최윤희 김현기 지음

도서
출판 **더 로드**
The Road Books

"역세권은 부동산의 강렬한 랜드 마크"

작금은 작은 부동산시대. 실용적인 작은 부동산 하나 소유하고 있는 사람들이 '든부자' 일 것이다. 양보다 질로 승부를 걸지 않으면 안 되는 시대가 된 것이다. 정부가 다주택자 등 양적으로 부동산을 다량 소유하고 있는 부동산주인들에게 세금으로 규제를 강화 하려는 강구책을 내놓은 것 역시 작은 부동산시대와 순행하는 일일 것이다. 맥을 함께 하는 것. 차제에 괜찮다 싶은 역세권부동산 하나 제대로 소유하고 있는 게 실용적인 일일 것이다.

언제나 그렇듯 '역세권' 은 부동산의 강렬한 랜드 마크가 되고 있기 때문이다. 어김없다. 국토를 양분할 때 수도권과 비수도권으로 나눌 수 있는 능력과 용기만 있다면 역세권과 비역세권으로도 나눌 수 있다고 본다. 수도권의 역세권과 비수도권의 역세권의 차이점도 견지할 필요 있다. 역세권 마니아라면 말이다.

역세권투자자는 역세권의 특성이 여러 가지라는 사실도 인지할 필요 있다. 절대로 떨어질 수 없는 가격구조와, 거품이 반드시 주입된다는 사실을 모르면 안 될 것이다. 역세권 부동산이 떨어질 수 없는 건, 거품이 반드시 발현할 수 있는 공간이 바로 역세권이기 때문이다. 실패확률이 낮은 이유다. 가격상승속도가 빠를 뿐 아니라 가격상승폭도 크다. 역세권에 사람이 몰리는 이유다. 투자자와 실수요자가 함께 몰리나, 결국은 투자자가 더 많다. 실수요 겸 투자 명목으로 움직이는 사람들 대부분이 투자자인 것이다. 애초 실수요 명목으로 입성했지만 오름폭을 보고 마음에 동요가 일어난 케이스도 부지기수다. 주변 부동산들의 변신 모습을 보고 내 마음이 변심을 하고 마는 것이다.

비역세권 토지와 역세권 토지의 차이점은 특혜의 유무(有無)이다. 하나는 지분투자가 가능하나, 하나는 그렇지 못하다. 투자자가 많고

돈이 활발하게 도는 역세권 내에선 지분투자가 무난하다. 가능하다. 안전하다고 말하는 투자자도 많은 편. 지분투자가 가능한 역세권토지의 경우 환금성이 높다. 결국 비역세권 토지와 역세권 토지의 차이점은 역시 가격오름폭의 차이다. 그건 환금성과 직접적으로 관련 있다. 그 환금성은 곧바로 수익성과 직결된다. 낮은 환금성은 안전성도 위협할 수 있으므로. 무주택자에게 투자의 기회가 주어진다면 역세권 토지에 돈을 장기간(?) 묻어두라고 권고하고 싶은 이유다. 역세권 토지를 통해 번 돈으로 작은 건물을 사서 실거주하면서 나머지 공간은 세입자를 모집한다면 굳이 집에 연연하는 삶을 살지 않아도 될 성싶다. 역세권 토지투자에 한해 가능한 시나리오다. 비역세권 토지에서는 불가능한 일이다. 수익률의 차이가 크기 때문이다.

역세권 토지의 특징 중 하나. 똑똑한 사람들이 몰릴 확률이 높다. 질적 가치가 높은 인구가 폭증세다. 역세권의 질적 가치를 견지할 땐 시설물, 공작물, 지상물보단 인물에 집중할 필요 있다. 인물(유명인사)의 중심엔 정치인, 경제인, 연예인이 있다. 강남3구의 위력을 보지할 수 있는 인물들이다. 잠실역(송파구), 사당역(서초구와 접한 상태), 강남역

(강남구)의 힘과 맥을 함께 한다. 순행한다. 인물(정치인, 경제인, 연예인), 그들만의 리그를 펼친다. 메이저리거들끼리 유유상종하여 지금도 여전히 세를 확장하고 있다. 그들은 대다수 서민들의 멘토이다. 역세권 힘의 결과요 효과다. 역세권의 종류는 다양할 수 있다. 여러 상황으로 분화된다. 작금은 귀농 및 귀촌시대 아닌가. 웰빙시대다. 그러다 보니 전원역세권이나 농촌 및 관광역세권도 발현하는 것이리라. 예를 들어 경기도 양평, 가평등지의 유동인구는 꾸준히 증가하고 있다. 거기에 맞춰 몰역세권과 더불어, 물역세권도 파생할 수 있는 것. 나이로 따진다면 물역세권이 훨씬 위이지만 말이다. 물역세권은 자연을 대상으로 생성한 역사이고 몰역세권은 쇼핑몰(mall)이 모토가 되어 형성된 역사다. 물역세권의 역사는 깊다. 몰역세권 역사는 길지 않다. 물역세권은 부모요 몰역세권은 자식 입장이라서다. 자연은 개발대상이므로. 자연의 존재가치가 높다. 존재가치가 잠재가치로 승화되고 최종적으로 희소가치가 발효한다. 개발과정에서 말이다. 희소가치가 높은 경우는 인구가 다양화 될 때 가능한 일.

주택문화와 상가문화가 그 존재성에서 흠이 발견됐을 때 비로소 역세권토지문화가 재정비, 재정착화 될 기회를 맞이할 수 있다. 일종의 풍선효과 덕이라고 할까. 주택은 미분양과 하우스푸어에 크게 노출되어 문제요 상가는 공실현상이 우려된다. 역세권 토지가 인기 있는 이유다. 대규모 풍선효과가 불 차례다.

역세권 토지에 성공한다면 빌딩투자도 성공할 수 있다고 본다. 왜냐, 성공한 토지투자자는 위치 견지능력이 뛰어나서다. 공실률 높은 건물의 특징이 무엇인가. 위치에 문제가 있는 것 아닌가.

토지투자로 건물을 산다?
무리일 수 있다. 그러나 역세권 토지문화에선 가능한 일이다.

이번 책을 통해 역세권에 관한 개념과 투자방도, 그리고 역세권 현장모습을 기술하여 좀 더 생생한 접근으로 독자들을 이해시키려 노력하였다. 부디 역세권 토지투자를 통해 내 집 대신 내 건물 하나 마련하는 기쁨의 순간을 맞이했으면 좋겠다.

'집' 시대가 가고 전원 및 '작은 건물' 시대가 오고 있는 것이다. 삶의 질에 지배 받는 시대다.

필자는 이 책을 통해 내 스스로 역세권지주가 건물주가 될 수 있다는 확신과 서원을 가져본다.

2018년 9월

저자 최윤희 김현기

Contents | **차 례**

제1장
역세권투자자가 증가할 수 있는 이유 _ 18

01 역세권부동산의 특징1 _ 18

02 역세권부동산의 특징2 _ 20

03 역세권부동산의 특징3 _ 21

04 역세권 종류가 다양해지고 있다 _ 27

　－환영할 만한 역세권환경 _ 29

　－역세권의 위엄과 위험 _ 31

　－역사 개발과 신도시 개발의 차이점 _ 31

05 몰(역)세권과 물(역)세권 _ 33

　－역세권형성의 성질 _ 34

　－신도시지역과 역사 예정지역 _ 36

06 역세권이 꾸준히 성장할 수 있는 강한 모태는? _ 38

　－역세권의 잠재력 _ 44

　－역세권의 파워! _ 45

07 역세권반경과 랜드마크 _ 46

　－역세권과 역세권투자의 필요성과 중요성 _ 50

　－안정적인 역세권범위와 위치 _ 51

08 역세권가치와 도로의 가치 _ 53

　－지하철 상권과 버스상권 _ 60

09 역세권가치의 극대화방도 _ 61

10 역세권투자의 기준 _ 63

11 역세권 형성지역에 땅투자자가 집중적으로 몰리는 이유 _ 67

제2장
국토의 특징(역세권과 비역세권지역) __ 72

01 강남북과, 수도권과 비수도권의 차이 __ 72

02 왕초보의 역세권 __ 74

03 직접역세권의 위력과 간접역세권의 매력 __ 76

04 역세권지역과 비역세권지역 __ 78

05 여주선의 직접효과와 간접효력 __ 79

06 직접역세권의 힘과 간접역세권의 힘 __ 83

07 역세권의 두 가지 이름 __ 87

08 역세권투자자가 반드시 인지할 부분 __ 91

09 역세권투자와 조망권투자 __ 93

10 역세권 땅의 세 가지 유형 __ 96

  −땅투자 선정기준 __ 100

11 서해안(시대의) 전철시대 개막을 고대한다 __ 101

제3장
수도권의 존재성과 힐링역세권의 지속성 _ 106

01 수도권 신도시 역세권의 특성 _ 106

02 역세권 미래의 빛과 그림자 _ 108

03 역세권과 수도권, 그리고 거품증상 _ 112

04 전원도시의 길라잡이와 신분당선 역할 _ 115

05 역세권과 조망권 사이 _ 118

06 역세권공간과 전원공간 _ 120

07 수도권역세권(소형땅)의 강점 _ 122

08 역세권 토지투자와 전원주택의 투자가치 _ 124

09 흙세권과 돈세권 _ 128

권중부록 **역세권 현장답사 1** _ 132

01 젊은 노동력의 표상 판교역세권 _ 131

02 용인 기흥역세권의 현재가치와 미래가치 _ 137

03 수원역세권과 그 주변상황 _ 141

　－서동탄역세권의 특징 _ 145

04 젊은역사가 예상되는 향남역의 필요성 _ 147

05 수도권에 뭉칫돈이 집중 몰릴 수 있는 이유 _ 150

제4장

역세권 불패신화는 계속 이어진다 _ 162

01 수도권 신도시와 수도권 역세권 __ 162

02 다양한 역세권 역량의 도시 __ 163

03 역세권 존재가치와 저작권의 힘 __ 166

04 직접역세권 반경의 변경과 인구의 힘 __ 169

05 역세권 힘을 필요로 하는 이유 __ 175

06 역이 생기면? __ 178

07 역세권 잠재력이 공포의 대상인 까닭 __ 180

08 잘 나가는 역세권의 특징 __ 182

　−역세권 분석방법 __ 185

09 이젠 역세권도 개성시대 __ 187

　−역세권 힘이 거대한 이유 __ 189

제5장
역세권투자 성공사례 __ 194

01 용도지역의 가치에 집착하는 바보가 되지 말라 __ 194

02 진정한 성공인과 반쪽짜리 성공 __ 197

03 개발에 대한 성공과 실패의 실체 __ 199

04 가장 중요한(필요한) 투자가치 __ 200

05 역세권의 권력을 모색하는 방도 __ 202

　 -토지공부가 중요한 이유 __ 204

06 역세권정보보다 더 중요한 사안 __ 206

07 수도권에 투자자가 집중적으로 몰리는 이유 __ 211

08 성공역세권, 실패역세권 __ 215

　 -토지투자 실패자의 특징 __ 216

09 역세권문화와 부자가 향하는 길 __ 218

10 역세권(을 살리는) 가치와 역세권(을 죽이는) 사치 __ 227

11 역세권투자 시 주의할 점1 __ 230

12 역세권 부동산투자 시 주의할 점2 __ 237

13 역세권 투자 시 주의할 점3 __ 239

14 강남지역 빌딩공실률 낮다 __ 241

15 꼬마건물주들이 생각하는 역세권 성공방도 __ 244

　 -장수 및 소형부동산시대에 대처할 수 있는 삶 __ 246

16 역세권의 권력 __ 250

17 부동산부자가 되는 길과 부동산변수 __ 253

18 강남3구 위력의 원초 __ 259

19 지혜의 어머니 __ 265

권말부록 **역세권 현장답사2** __ 268

01 **평택 지제역세권의 미래가치가 기대(대두)되는 이유** __ 268
　　−평택의 '희망역세권' 지제역에 남은 주요과제들 __ 272
　　−지제역과 진위역의 지역미래예측도구 __ 274

02 **갈매신도시 역세권과 별내신도시 역세권** __ 278

03 **서해선 소사~원시선의 미래구조(가치구조)** __ 283
　　−서해선 초지역세권과 원시역세권 __ 286

04 **시흥시 미래가치를 관철할 수 있는 전철 둘** __ 290

05 **송도국제도시의 위상** __ 295

06 **철도가 잠재력의 화신인 까닭** __ 299

Chapter

01

·

역세권 투자자가
증가할 수 있는 이유

01

역세권 투자자가 증가할 수 있는 이유

01. 역세권부동산의 특징[1]

역세권투자자가 급증하는 건 역세권 고유의 특징 때문이다. 가격이 무조건 오른다. 그 밖의 특징들은 다음과 같다.

1. 환금화속도가 빠르다
2. 거품주입속도가 빠르다. 역세권 부동산의 환금성이 떨어지는 건 거품수준이 지나치다 싶을 정도로 높아서 일거다.
3. 직접역세권은 편익성을, 간접역세권은 잠재성을 발효한다.

직접역세권 – 가치구조가 단순하여 가격구조 또한 단순 구조. 거품수준이 높다.

간접역세권 - 가치의 구조가 다양하여 가격구조 또한 다양하다. 거품수준이 낮다.

직접역세권의 일장일단 - 공기오염도와 접근도가 높다. 경제적 가치는 높으나 육체적+정신적 질환에 크게 노출될 수 있다.

간접역세권의 일장일단 - 공기오염도와 접근도가 낮은 편이다. 육체적 건강을 보지할 수 있는 대신 경제적 가치에 대한 기대감은 높지 않을 수 있다.

역세권효과가 극대화 된 경우 - 직접역세권 반경이 500미터 이상인 경우. 인구의 다양화를 통해 발효된 힘의 영향 때문이다. 직접역세권 반경이 넓어지면 당연히 자연히 간접역세권도 넓어지기 마련이다. 영향력이 달라진다. 간접역세권의 미래가 직접역세권이 될 수도 있기 때문이다. 투자자는 역세권 활용가치는 다양한 인구구조를 통해 발산, 발휘한다는 사실을 바로 인지할 수 있어야 한다. 단순히 역세권의 권력이 각종 시설물을 끌어들이는 힘이 되어선 안 될 것이다. 인구흡입력이라는 권력이 필요하기 때문이다. 역세권 위치가 중요한 이유다. 용도변경이 수월한 구조의 역사 건설이 필요하다. 자연과의 높은 접근도, 즉 도심과의 낮은 접근도가 무조건 위치가 형편없는 건 아니다. 지금은 힐링공간을 편익시설물의 일부로 인지하는 시대이므로. 전원도시에 부합(적합)할 만한 역사 건설이야 말로 최고의 미래가치를 기대할 수 있는 조건일 것이다.

02. 역세권부동산의 특징2

누가 뭐래도 역세권부동산의 강력한 특징은 역시 높은 환금성일 것이다. 물론 상황성을 전면 무시하면 안 된다.

역세권투자자는 그 특성을 바로 견지할 필요 있다.

1. 거품은 피할 수 없다. 거품수준은 큰 거품과 작은 거품으로 분류할 수 있지만 후자에 집중할 필요 있다. 역세권에 거품이 안 들어 갈리는 만무하므로. 소나기를 막을 수 없다면 피하는 방법을 연구할 필요 있다.
2. 변수상황이 많다. 가령 인구의 변화와 지상물의 변화, 주변 분위기의 진화 등이 이에 해당한다. 주변 분위기의 변화가 곧 역세권에 관한 큰 변수에 해당한다.
3. 유동인구와 이동인구가 증가한다.
4. 기획력이 필요한 곳이다. 계획이 거대한 편이므로. 기획부동산이 역세권에 집중하는 이유일 법하다.

5. 하수가 대거 집중 몰린다. 하수들의 특징 중 하나가 바로 그들은 단면만 보고 사안을 결정한다는 점이다.

6. (지상물과 더불어) 다양한 시설물이 입성 가능하다.

7. 대기업이 입성하면 역사의 입지변화현상이 일어난다. 구도개편도 바랄 수 있다.

8. 대규모 주거단지에 프리미엄이 붙는다.

9. 역세권 조망권이 높다. 숲세권, 물세권, 학세권 등의 세가 강렬하다.

10. 2차 개발계획에 또 한 차례 대형거품이 주입된다.

11. 주거인구와 유동인구에 따라 역세권 특징이 달라질 수 있다.

    예-1) 주거인구 중심의 베드타운(1기 신도시)

       2) 관광인구 중심의 친환경 관광역세권(장수 및 웰빙시대)

    요컨대 인구의 색깔이 역사의 색깔과 특성을 지배하는 것이다. 인구의 성질이 바로 역사의 특성을 설정+정립하는 것.

12. 인구규모가 곧 역사 규모. 인구가 확장되면 역사 규모가 커져 직접역세권 반경이 확대된다.

    예) 직접역세권 반경이 1000미터 이상. 간접역세권의 힘이 가중될 수 있는 기회다.

03. 역세권부동산의 특성3

1. 공실률과 미분양률이 낮다.
2. 관심도와 집중도가 높다.

3. 실수요자와 투자자가 증가한다.

4. 거품수준이 높은 건 2와 3때문이다.

5. 수도권에 집중 몰려 있다.

6. 거래량이 증가한다. 2때문이다.

7. 떴다방과 기획부동산의 기획력이 반영(만연)된다. 이들은 거품을 만드는 자들이다.

8. 직접역세권의 기준과 간접역세권의 기준은 같을 수 없으나, 거의 동일수준인 경우가 전혀 없는 건 아니다.

   예) 역삼역과 선릉역 일대 모습(인구의 다양화 때문)

9. 녹지공간이 넓은 역세권과 주거공간이 넓은 역세권으로 대별할 수도 있다. 예컨대 숲세권이나 물세권, 그리고 집세권으로 분류할 수 있다. 전원형아파트가 없는 건 아니지만 말이다. 아파트 앞이 대형정원(녹지공간)이다. 녹지 활용도가 높은 주거시설이 증가하고 있다. 건폐율이 낮은 대신 용적률에 신경 쓴다. 날씬하고 섹시한 키 큰 부동산이 급증세다. 대세다. 녹지 공간 확대(활용도를 높인다)와 조망권 확보 때문이다.

＊사람과 마찬가지로 땅도 순종과 잡종으로 분류할 수 있다.

잡종(雜種) - 잡종지(雜種地)

순종 - 도로, 대지 등 27개 지목(품목, 품종 - 품종개량가능)

독종 - 지목 악용 시 발생할 수 있다. DNA가 정해져 있지만 개발시 진화(변화)한다.

전철의 특성 − 효과를 극대화 할 수 있는 지경. 단 변수를 활용, 응용할 수 있는 능력이 필요하다. 철도 입성은 지목 및 용도변경과정을 발효한다.

철도입성 − 철도가 도로 그 이상의 역할을 할 수 있는 이유다. 주거가치와 투자가치가 동반 상승할 수 있다. 단점은 하우스푸어와 미분양도 동시에 늘어날 수 있다는 점이다. 거품이 문제의 발단인 것. 전철 특성 중 가장 희망적인 건 철도노선 연장이 가능하다는 점이다. 예컨대 신분당선과 서해선의 완성도는 낮다. 지금도 개발이 진행 중이기 때문이다. 높은 효과 대비 완성도가 낮은 것이다. 향후 신분당선과 서해선이 함께 만날 가능성이 높다. 개발여지의 가능성이 높다. 개발의 여러 잠재력 또한 기대감이 높다. 경의중앙선의 지평역 역시 연장선 중 한 곳. 양평은 총8개 역이었지만 1개 역이 더 늘어난 상태다. 물의 도시답게 규제가 만만치 않다. 유동인구 의존도가 높다.

다만 경의중앙선 일부구간은 실수요 가치에 만족도를 높일 필요있다. 그 이상의 기대는 무리이기 때문.

대자연을 모토로 존속하는 대형공간엔 단기적 규제상황이 거의 없다. 이미 강력한 물 보호구역(예−상수원보호구역)으로 지정된 상황 아닌

가. 분당선의 과거 역시 마찬가지. 노선연장의 경험이 있다. 과거 오리역이 종착역이었기 때문이다.

부동산 규제에 대한 바른 이해력이 요망되는 때이다. 예컨대 토지거래허가구역지정과 같은 규제는 단기성 규제로 소화기 역할을 한다. 과열양상을 막는 역할을 한다.

반드시 해제시기가 온다. 단기간 지속하므로. 불은 반드시 꺼지기 마련이다. 단기성 규제는 해제대상이지만 장기성 규제는 해제대상이 아니다. 해제되는 경우가 아주 드물다. 해제 자체가 대형사건이다. 단기성 규제가 해제될 땐 가격상승효과가 낮다. 그러나 장기성 규제가 해제될 땐 상황이 다르다. 가격거품이 주입될 수 있다. 마치 역세권에 거품이 주입되는 양 말이다. 그 성향이 둘 다 같다.

• 트리플역세권과 비아그라의 특징(역할)

1. 삶의 희망이 될 수 있다. 삶의 활력소 역할을 할 수 있다.
2. 잠재성이 높은데 이는 생산 및 출산가능인구와 관련 있기 때문이다.
3. 자신감의 발로, 발기(사기충천)된다.
4. 존재감이 높아진다. 존재감이 달라진다. 이미지 변신이 가능하다.
   (지역)병신이 변신될 수 있는 모토가 될 수 있으므로. 지역이, 사람이 젊

어질 수 있다. 단 악용은 금지! 오남용에 노출될 수 있으므로 주의해야 한다. 의사와 컨설턴트의 처방, 자문에 의해 움직일 필요 있다. 효과와 효능을 제대로 보기 위해선 사람을 잘 만나야 한다. 지하철 화장실의 명함크기의 전단지 광고에 피해 보는 경우도 있을 수 있기 때문이다. 비싸더라도 정품을 구입하는 게 바람직하다. 트리플역세권 역할에 직접적으로 수혜를 입는 부동산은 비싸다.

5. 죽은 지역을 살릴 수 있다. 한 사람의 생명을 살릴 수 있다. 기가 산다(패기, 용기, 성기…).

이런 곳을 선점하라 !!

(1) 지목 변경이 가능한 땅이 있는 곳 – 개별적으로 할 수 있는 영역 그 이상. 예컨대 주택지, 주거지 그 이상의 변화와 진화가 가능한 상태를 말하는 것이다.

(2) 3가지 이상의 이슈거리와 장점이 있는 공간을 선점하라. 예컨대 지역 랜드마크를 말하는 것.

(3) 생산가능인구가 증가할 수 있는 땅이 있는 공간, 즉 인구의 질적가치가 높은 땅을 말하는 것이다. 외자 유치가 가능한 지역의 잠재성은 한량없다. 주민세만 납부하는 곳은 고령인구가 집중 몰려 있는

공간일 수 있지만 사업소득세와 근로소득세 납세가능 인구가 집중적으로 몰릴만한 공간은 미래가치가 높다 할 수 있을 것이다. 생산성과 경제성이 높은 인구가 집중적으로 몰릴 수 있기 때문에 하는 말이다. 납세와 관련해 그 다양성과 지역 잠재성 관계를 전면 무시 할 수 없는 것이다. 납세 실적과 그 다양성과 지역 잠재성은 분명코 정비례 할 수 있기 때문이다.

(4) 인구의 다양성에 주목하라 !

거국 중국을 눈여겨 볼 필요 있다.

서해라인의 미래가치가 높은 직접적인 연유다. 중국 잠재력의 끝은 안 보인다. 그만큼 미래 크기가 크다는 것이다. 무조건적으로 서해라인에 집중하라. 중국경제시장과 그 잠재력 크기가 너무도 광대하기 때문이다. 활용가치에 대한 기대감이 증폭되는 지경. 중국문화와 그 잠재성에 관한 활용 가치가 증폭 될 수 있는 연유는 서해선 당진 합덕역 및 석문역 일대에 관한 기대감이 높기 때문이다. 더불어 경제이론에 합당한 지역 위치이므로 저평가 지역으로 잠재가치가 높은 곳이다. 최소비용(소액투자가능) 으로 최대 효과를 노릴 수 있는 영역이다.

(5) 국토를 굳이 두 가지로 대별한다면 저평가 된 공간과 고평가된

공간으로 분류 할 수 있다. 투자자는 전자의 상황에 집중할 것이다. 물론 최소 경비로 출발 할 수 있기 때문이다. 다만 지역 브랜드가치에 집중하지 않으면 안 될 것이다. 즉 Top 브랜드를 전혀 무시 할 수 없다는 것이다. 예를 들어 대기업 입성에 집중하자는 것이다. 산업단지 등에 투자하라는 것이다. 한 지역이 저평가 된 이유가 분명히 있을 것이다. 교통과 그 흐름에 문제점(원인)이 반출되는 것이다. 인구 유입이 용이하지 않다. 대기업의 강점이 무엇인가. 이러한 흐름과 사안들을 제대로 관철 할 수 있다는 점 아닌가. 도로에 관한 것도 매 한가지 입장이다. 도로의 종류를 두 가지로 관철 할 수 있는데 인구집중에 부응할 수 있는 도로가 있는가 하면 그 반대로 인구분산이라는 악재가 분출하는 경우가 있다는 것이다. 도로가 신설되는 경우, 두 가지 이유가 분출 할 수 있다는 점에 집중할 필요가 있다.

04. 역세권 종류가 다양해지고 있다.

부동산 투자종목이 갈수록 줄어들고 있지만 상대적으로 실수요공간은 그 수가 급증하는 모양새다. 부동산 존재가치가 확실해지고 있는 판국. 부동산이 실수요공간으로 굳건히 자리매김 중이라는 증거다. 부동산 투자종목이 줄어들고 있다고 해서 부동산 종류가 줄어드는 건 아니다. 외려 그 수가 다양화 되고 있기 때문이다. 부동산 장르

(종목)가 다양해지고 있는 것이다. 예컨대 세컨하우스(전원형빌라 등)가 여러 모형으로 다변화를 꾀하고 숙박형생활주택 등도 분출하고 있다.

개발의 종류도 다양화를 꿈꾸는 눈치다. 역세권의 종류가 다양해지는 판국이다(예-교통망의 광대화과정 중에 펼쳐질 수 있는 게 역세권구도이다. 철도의 접근도를 높이는 과정에서 역세권규모가 발현하는 것이다. 지극히 자연적인 현상이라 볼 수 있다). 접근성과 직접적으로 관련된 사안이 바로 역세권 아닌가.

역세권의 종류가 많아지는 이유는 난개발과 직접 관련 있다. 불요불급한 상황의 개발사안과 더불어, 여러 모형의 세컨하우스의 출현 및 모텔 증가와도 관련 있다. 접근성이 떨어지는 역세권이라는 말은 있을 수 없다. 수용하는 자의 수용자세가 문제다. 언제나 그렇듯 역사가 접근성을 높이는 역할을 단단히 하니까. 역세권의 종류가 다양하다는 건(다양해지는 건) 역세권 특징의 다양화를 의미한다. 개성 있다. 나름의 특질을 가지고 있는 것이다. 역세권 개발을 최고 덕목으로 치부하는 게 일반적 시각이다. 그러나 지금은 상황이 많이 달라졌다. 2차 개발을 고대하는 반쪽짜리 역사도 존속하고 있으니 말이다. 이는 역세권의 다양화(다양한 변수)를 의미할 수도 있다. 접근성이 떨어지는 역사가 존재할 수 없는 이유다. 역사의 발현이 곧 높은 접근도와의 연계 아니랴. 가령 모텔역세권, 펜션역세권, 세컨하우스가 즐비한 역세권 등 다양한 역사구조를 만들 수 있다. 날로 증가하는 모텔 의미는 다양하다. 단순한 숙박시설로 여기는 사람은 없을 것이다. 숙박시설과 유흥시설을 조율한 모양새이다.

필자가 볼 땐 모텔문화가 부동산문화의 한 축으로 자리매김 중이다. 모텔문화가 변천하는 추세다. 모텔은 모터(motor)와 호텔의 합성어로 자동차 여행자가 자동차와 함께 이용할 수 있는 숙박시설이다. 세컨하우스는 주말이나 휴가를 도시 근교나 지방에서 보내기 위해 마련된 레저용 주택이다. 과거엔 전원주택이나 콘도미니엄 등이 대부분을 차지했지만 지금은 일반 주거시설을 별장용으로 대용+활용하는 입장이다. 게스트하우스 등도 부동산문화의 한 축으로 자리매김 중이다. 주택문화와 숙박문화의 조화가 절실하다. 펜션은 호텔의 합리성과 민박의 가정적 이미지를 갖춘 숙박시설이다. 더불어 전철문화가 부동산의 실용화와 연계되고 있다.

• 환영할 만한 역세권 환경 – 역세권은 '소요시간' 보단 '거리' 에 집중해야 한다. 예컨대 도보로 1분 소요하는 데 집중하기 보단 400미터 거리에 집중하는 편이 유리할 것이다. 역세권은 '거리' 보단 '환경' 에 집중해야 한다.

예) 환경여건 – '고정 및 주거인구상태 〉 유동인구상태'

(이런 인구구조라면 대규모 아파트단지와 산업단지의 부동산 부가가치가 높을 수밖에 없기 때문)

역세권 반경 500미터 미만이면 뭐하나. 인구가 부실한 지경에 놓인 곳이라면 가까운 거리도 무색한 지경인 것이다.

역세권의 괜찮다 싶은 환경조건 – '용도 및 지목상황 〈 인구동태'

(용도지역이 도시지역이거나 지목이 대지상태지만 인구이동현상이 미진한 형태의 역세권도 수도권지역에서 다수 발견되는 지경이므로)

역 주변이 모텔이나 안마시술소가 즐비한 '모텔역세권'의 환경여건이라면(개별적으로 수용하기 나름이나) 악조건일 수도 있다. 고정인구가 전출인구로 변질될 확률이 높아 역사 주변의 부동산가치가 떨어질 염려도 있다. 힐링과 웰빙 등이 삶의 질의 주요 재료로 상용되는 시대다. 삶의 질적 가치가 떨어지는 요소가 발견된다면 해당지역의 인구는 감소할 수밖에 없다. 역사 주변의 매연, 소음 등도 전출인구 증가의 한 요인이 될 수 있다. 그만큼 역세권은 '환경'에 적지 않은 영향, 지배를 받을 수밖에 없는 것이다. 역세권환경이 곧 입지(자연환경상태)인 셈. 역사 앞 주거시설(예. 아파트단지)이 속보로 10~20분 이상 소요되는 현상(증상)은 입지상황이 불리한 조건에서 발현하는 것이다. 곧 역세권환경은 입지+위치+방향에 의해 잠재력 크기가 결정될 수 있다.

• **역세권의 위엄과 위험** – 역세권 위엄은 교통과 환경의 가치의 극대화에서 목격할 수 있는 덕목이다. 괜찮은 환경의 위치는, 환경의 가치와 교통의 가치가 서로 융화 + 연계되는 상황이다. 맥을 함께한다. 역세권의 위엄은 세 가지로 분출한다. 조망권의 위엄과 아파트단지의 위엄, 그리고 조망권과 아파트단지가 서로 연계되는 것이다. 이를 테면 강변역과 잠실나루역 일대를 말하는 것. 요컨대 역세권의 특성은 세 가지로 압축될 수 있다. 아파트 프리미엄의 원자재가 조망권이라면 역세권 프리미엄의 원자재는 대규모 아파트단지다. 인구 역시 프리미엄의 발화지점. 그러나 그 인구형태가 떴다방이라는 점이 문제다. 신도시역세권은 역세권 종류 중 하나이나, 대규모 아파트단지가 주축(주류)이다. 아파트 없는 신도시는 없지만 아파트 없는 역세권은 존재한다. 대규모 아파트엔 대규모 거품이 주입된다. 투자자가 몰리는 이유다. 개미와 하수, 허수가 만연하는 이유다. 역세권의 거품은 역세권의 위엄이 역세권의 위험으로 변질될 수 있는 패악 중 하나다.

• **역사 개발과 신도시 개발의 차이점** – 역사 개발은 완성도가 낮은 편이나(예–신분당선 연장선이나 진접선건설), 신도시 개발 완성도는 높은 편이다. 이에 대한 개발면적의 해석 및 분석과정이 필요하다. 명목

이 다양한 신도시개발에 비해 역사 개발은 단순한 편이다. 역세권 종류는 나누기 나름. 개성이 강한 면이 있어서다. 전원형이나 휴양형도 증가세다. 시대를 적극 반영한 것이다. 주거단지형이나 주거 및 상업시설형으로 개별적으로 대별하는 경우도 있다. 용도가 다양한 역세권과 그 반대의 경우가 공존하는 것이다. 역사 개발의 경우, 개발구간이 광범위하다. 경강선 일부구간인 여주선은 57km이고 수서~평택간 고속선은 61km로 거대 장방형으로 구성, 분포, 포진된 지경이다. 신도시 개발의 경우, 약1100만 제곱미터 규모의 광교신도시의 경우 거대한 정방형 모형을 노출한다.

• **역사개발 대비 신도시 개발 과정이 안정적인 이유** – 신도시 개발 요건이 다양해서다. 개발과정 중 긴요한 요건 중 하나가 바로 역세권 형성 아니랴. 역세권 개발과정이 안정적이지 않은 경우가 있을 법하다. 그 이유는 역세권 내에 반드시 신도시가 형성되는 건 아니기 때문이다. 필수요건이 아닌 선택요건에 해당한다. 주거시설이 빈약한 경우의 역사 모형은 불안정적이다. 고정 및 주거인구 없는 상태는 불안하다. 불만이 많다. 잠재력이 부족해서다. 신도시개발이건 역세권 개발이건 공통점은 거품가격증상이 발현한다는 점이다. 거품 없는 역사 및 신도시개발은 없다. 현실에 맞는 거품이 존재하여 역사 및 신도시에 투자하는 것이다. 투자의 이유 중 한 가지다. 역세권 및 신도시

공부에 앞서 거품에 대한 정밀한 공부도 필요하다고 본다.

05. 몰(역)세권과 물(역)세권

　필자가 바라보는 수도권전철노선도는 단순하다. 외면상으로는 다양할 것 같지만 실상은 다양하지 않아서 하는 말이다. '몰역세권'과 '물역세권'으로 분류하고자 한다. 두 역세권이 공존할 수밖에 없는데 이는 위치와 입지가 상반될 수 있는 사안이다. 하나 역세권 고유의 성질만은 절대적으로 저버릴 수는 없을 것이다. 물역세권은 자연친화적인 역세권형태지만 몰역세권형식은 도시 중심의 역사형성과정을 밟을 수밖에 없기 때문이다. 다양한 쇼핑몰을 필요로 하는 공간이다.

　물역세권과 몰역세권의 공통점은 유동인구 중심의 역사구조를 그린다는 점이다. 하나는 관광 명목의 유동인구요 하나는 쇼핑 및 수요를 위한 유동인구인 것이다. 하나는 완성도가 낮고 하나는 완성도가 높은 지경. 자연녹지공간과 상업공간의 경우는 상황이 다르다. 비도시지역과 도시지역의 차이 그 이상으로 지역 색깔과 점유성질이 다른 것이다.

　완성도 낮은 곳(공간)에 투자하고 완성도 높은 곳에 투자한다. 시공간에 투자한다. 국토는 완성도 높은 부동산과 완성도 낮은 부동산으로 대별할 수 있기 때문이다. 물역세권은 자연환경을 십분활용할 수 있는 역사지만 몰㈜역세권은 도시의 환경(입지)을 적극 활용한다. 몰역세권이 집중된 곳은 서울(특별시) 일부구간이나 수원(거대도시)역사이다. 수도권 3대 거대도시 중 수원만 자신의 이름(지명)을 상용 중이다. 자신의 존재감을 널리 알리려 노력 중이다. 아직은(?) 용인역과 고양역은 없다.

　　[註] 몰(mall) – 여러 상점이 모여 있는 쇼핑센터의 중앙보도.

　결국, 몰역세권 위상이 바로 도로의 힘인 법. 마치 철도가 도로의 일부인 양 말이다. 철도의 대선배가 바로 도로이다. 도로는 비법정도로와 법정도로로 대별되기 때문이다. 물역세권이 몰역세권의 대선배인 것처럼 도로 역시 철도의 대선배인 것이다. 자연의 이치+법칙이다. 즉 개발은 대자연을 통해 이루어진 결과물+지상물이기 때문이다. 비법정도로(농로, 이면도로, 비포장도로 등) 역시 대자연의 일부분으로 역사가 아주 깊다. 법정도로의 엄마가 바로 대자연의 일부분인 비법정도로인 것이다. 비법정도로의 분만능력은 거대하다. 거창하다. 무궁무진한 잠재성을 지녔다.

　• **역세권형성의 성질** – 역세권이 형성되는 곳엔 그만의 특질이

있다.

1. 수도권에 집중되어 있다. 수도권만이 가지고 있는 특징 때문이다. 수도권의 특징 중 하나가 바로 인구의 집중력이 대한민국 최고수준이라는 점 아닌가. 그러나 수도권 내 역세권이 모두 성공하는 건 아닐 거다. 개별적으로 만족도의 차이가 크기 때문이다. 지역특성과 더불어, 인구현황 및 입지상황을 견지하지 않으면 안 되는 이유다. 결국 성공에 관한 만족도는 내가 직접 스스로 만드는 것이다. 나 이외에 누가 대신 만들어주는 게 아니다.

2. 신도시에 집중되어 있다. 신도시 역시 수도권지역에 집중되어 있기 때문이다. 수도권에 신도시 입성이 유리한 점 역시 인구의 다양성과 집중도와 관련 있다. 자생력이 큰 지역이 수도권지역이다. 지역 자생력의 근원은 부동산의 힘이 아닌 사람의 힘이다. 부동산을 소중히 여기기에 앞서 인간의 존재가치부터 따져보는 게 순리다. 지역주민 등 이해관계자들에 의해 지역자생력이 커지는 것이지, 결코 다양한 건축물들이 지역경제력을 책임지는 건 아니다. 성공한 역세권(지역)의 특징은 바로 수도권에 위치해 있고 신도시에 자리를 잡았다는 점이다.

3. 대규모 아파트단지 모습이 한눈에 금세 들어온다. 대규모 아파트단지가 입성하는 곳엔 가격개혁이 일어난다. 결국, 지방엔 신도시나 역세권형성빈도가 적어 투자자나 실수요자가 그곳에 대한 관심도가 높지 않다. 대신 수도권지역에 올인 한다. 지방 사람들이 수도권지역으로 이동하는 경우도 부지기수다. 계속해서 급증세다. 수도권인구 역시 꾸준히 수도권으로 이동해서다. 대규모로 사람 이동 따라 움직인다. 서울인구가 경기도로 이동하고 경기도인구가 경기도로 이동하는 모습을 결단코 예사롭게 보지 않았을 것이다. 이동현상이 계속해서 이어질 것이다. 수도권인구가 지방으로 이동하는 경우가 없는 건 아니다. 귀촌이나 귀농 명목으로 움직이는 사람을 발견할 수 있다(물론, 귀경인구도 무시할 수 없는 노릇). 그러나 귀촌, 귀농 명목이 강하나, 결코(지방의) 신도시나 역세권형성과정을 보고 움직이지는 않을 것이다.

• **신도시지역과 역사 예정지역** – 신도시지역은 무조건 돈의 활동이 활발하다고 말할 수 있을 정도로 경제적 가치가 든든하다. 돈 가치가 새롭게 만들어지는 모양새다. 그러나 역사 예정지역은 다르다. 변수가 다양하기 때문이다. 신도시는 1기 신도시와 2기 신도시로 분류할 수 있다. 신도시 존재가치도 다르다. 환경에 급격한 변화가 일어난다. 교통이 원활하여 성능과 기능이 탁월하다. 인구유입현상이 당연히 따른다. 젊은 인구는 물론, 노인인구도 살기 편하다. 친환경 웰빙

공간을 모토로 개발할 수 있는 시대 아닌가. 갈수록 친환경 개발모드가 모토가 되어 녹지공간이 넓어져 힐링공간이 신도시지역을 대변하기도 한다. 기반시설이 단단히 구축되어 있는 공간이 신도시다. 새로운 가치가 새로운 가격을 조성한다. 신도시개발 완료 효과는 크지만 역사 완공 효과는 차별화가 심한 편. 트리플 역세권과 간이역세권의 수준차가 심하다. 신도시는 미니신도시와 그 성향이 다르다. 큰 차이점을 보인다. 택지개발지구는 신도시와 달리 거의 난발수준. 택지개발지구 안에 역사가 안 들어서는 경우의 수가 많은 편이라서가 아닐까 싶다. 신도시의 경우와 다를 수밖에 없다.

신도시개발은 그 효과가 재개발모드와 다르다. 신도시 안에 새 아파트가 반드시 생긴다. 그 아파트는 반드시 오른다. 신도시와 역사개발 이 두 가지는 선거바람을 가장 많이 탈 수 있다. 지역발전 공약에 지대한 영향력을 행사할 수 있어서다. 땅값을 단기간 내에 끌어올릴 수 있는 강력한 개발재료가 바로 신도시개발과 역세권개발이다. 그 규모가 관건이다. 크다고 무조건 성공, 환영하는 건 아닐 테니까. 입지(자연환경)가 중요하다. 입지에 맞춰, 즉 처지에 걸맞게 개발하는 게 순리다. 기본이다. 기본에 맞춰 투자자도 투자를 해야 할 것이다. '기본'에 앞서 '기술'에 의존하다간 시작도 할 수 없는 지경에 이를 수도 있다. 기술은 기본이 다 갖추어진 상태에서 발현한다. 완성과정 중 하

나이다. 재테크는 과정을 소중히 여긴다. 땀(노력과 열정) 없이는 땅을
살 수 없어서다.

06. 역세권이 꾸준히 성장할 수 있는 강한 모태는?

부동산처럼 백그라운드(육안으로 볼 수 있지만, 더 큰 가치가 숨어 있는 그
만의 성격)가 다양하게 펼쳐져 있는 경우도 드물 것이다. 부동산의 백
그라운드 매력 중 하나가 바로 대자연의 존재가치와 잠재가치일 수
있기 때문이다. 그중 길의 존재성을 전면 무시할 수는 없다. 예비투자
자라면 모두가 관심 가져야 할 중요한 부분이다. 특히 '작은 길쥬' 인
비법정도로(임도, 농로, 이면도로 등)에 집중할 필요 있다.

[註] 농로(작은길) – 농가와 경지 사이 또는 경지 사이를 연결하는 길.

이면도로 – 주거지 주변에 있는 폭 9미터 미만의 도로. 보도와 차
도가 명확히 구분되지 않은 좁은 도로로 사고확률이 높은 '비포장생
활도로' 이다.

규모가 작은 도로에 관심을 갖는 건, 도로의 존재가치에 따라 큰 도
로(예–고속도로)가 생길 수 있다는 희망과 확신, 기대감 때문일 것이다.

작은 도로는 대자연의 일부분. 그 이상일 수는 없다. 작은 도로, 즉
대자연이 개발대상물이다. 작은 도로의 소망은 큰 도로일 수 있기 때

문이다. 도로역할과 도로위치 등 그 상황성에 따라 달라질 수 있지만 말이다. 다른 한편으로는 부동산의 백그라운드가 '인구'도 될 수 있다고 본다. 한 지역의 유지(터줏대감) 능력에 따라 그 지역의 미래가치가 달라질 수 있기 때문이다. 개발능력이 뛰어난 자가 많다면 그 인물들은 지역이 진보(개발)하는 과정에서 견인차 역할을 톡톡히 할 수 있을 것이다. 여기서 말하는 개발이란 작은 개발을 의미한다. 자연의 일부분인 작은 길 개발 말이다.

작은 인구(예비노동인구가 될 수 있는 조건의 인구들)를 유입하는 데 절대적으로 필요한 게 작은 길 개발이다. 부동산에 관한 물리적 유동성과 이동성을 강조하는 부분이다. 대지 및 **건부지**주) 대비 농지나 임야를 개발할 수 있는 개인의 능력이 지역개발에 모토가 될 수 있을 것이다.

[註] **건부지** - 건축물이 들어서 있는 토지. 건물이나 구축물(건축물로 분류하지 않은 공작물) 등의 용도에 제공되고 있는 부지(지상물에 의해 사용, 수익이 제한된 토지로 상대적으로 희소성이 높다할 수 있다. 그런 면에선 경쟁력이 높지만 역시 건부지 위치 또한 중요한 대목)

농지 및 산지전용과정으로 끝나는 게 아니다. 각종 건축행위를 통해 외부인구가 유입되는 통에 큰 길이 생기고 큰 인구도 유입될 수 있을 것이다. 여기서 강조하는 큰 인구란 노동인구를 말하는 것이다. 크고 작은 다양한 공업단지가 속속들이 입성할 수 있는 근간이 바로 젊은 동력인 고용인구이다. 노인인구의 특성과 정반대이다. 이번 기회에 지방에 존속하는 공업지역의 존재가치와 서울의 공업지역의 존재가치를 제대로 인식할 필요 있다. 지방의 공업지역의 잠재가치를 무시할 수 없으므로(예-지방 대비 수도권지역엔 수도권정비계획법에 지배를 받는 지경. 위치 및 자연환경이 그렇다).

서울은 상업지역에 지배 받는 구도. 소비인구(가용인구)가 다양하기 때문에 하는 말이다. 서울의 공업지역과 지방 공업지역의 격차, 그리고 서울의 상업지역과 지방 상업지역의 격차는 부동산에 관한 빈부격차처럼 크다(cf.공업지역과 상업지역 전체 분포비율은 각기 6.6%와 1.8%이다). 이는 서울 및 지방 고용인구와 소비인구의 차이 때문일 것이다. 지방 소비인구의 경우, KTX **빨대효과주**)에 의해 특유의 지방색이 무색한 지경. 교통이 용이해지면서 벌어진 패악 중 하나가 **빨대효과**의 이중성에 의한 피해(손해)다.

[註] KTX빨대효과 - KTX(Korea Train Express)개통으로 수도권과의 강력한 흡입력에 지방의 존재가치가 더욱더 작아지는 현상. 기존 고속도로나 고속도로 개통으로 인한 부작용 중 하나. 대도시 집중현상의 심화가 대한민국의 큰 골칫거리 중 하나가 되었다. 개발의 개악 중 한 가지다.

지역불균형의 화마가 더 거세지는 상황. 비수도권 존재가치는 더 작아지고 수도권 역량은 더 강대해지고 있는 것이다. 인구집중도에서 확연히 드러난다. 경기도 인구증가속도가 거세다. 반면 지방인구가 지방 내에서도 심한 편중현상이 일어나고 있다. 지역열등감이 심하다. 지역현장감은 점점 낮아지고 있다. 빨대효과 때문이다. 결국, 부동산의 백그라운드는 역시 사람을 강조하는 부분. 사람의 힘이 작용할 수 있는 여정(여유)인 것이다. 아무리 입지가 좋은 자연환경의 지역일지라도 개발능력이 없는 상태의 공간, 즉 놀고 있는 땅이 많은 곳엔 희망을 기대하기 힘들다. 휴한지(쉬고 있는 농지), 휴경지 속에서 무슨 희망을 찾을 수 있겠는가. 놀고 있는 땅이 많은 곳엔 노인인구만 증가할 수 있을 것이다. 공기와 대기상태가 맑아 장수노인만 증가할 수 있다는 희망만 가질 뿐 더 큰 이상을 바라는 건 무리다. 전용과정이라는 희망의 여정조차 볼 수 없을 정도인 것이다.

부자는 부자들끼리, 서민은 서민들끼리 행동을 함께 하듯(유유상종) 젊은 인구 역시 젊은 사람들끼리 모인다. 노인인구 역시 그와 같은 이치에서 크게 벗어날 수 있는 처지가 아니다. 한 지역엔 15세에서 49세 이하의 출산장려인구(가임여자인구)가 꼭 필요하다. 이들은 노인인구를 비롯해 베이비부머와 젊은 인구인 에코세대의 가교역할을 할 수 있는 영향력 있는 인구이므로.

자연의 이치와 자연의 위치(가치)는 잠재성이 무궁무진한 백그라운드이다. 개인적으로 그 활용범위와 정도에서 승부가 날 수 있을 것이다. 자연은 영원한 개발대상물이니까. 규제강도에 의해 보호가치 높은 자연의 공간과 개발가치 높은 자연공간으로 나뉜다. 우리가 부동산공부를 꾸준히 하는 이유(용기)중 하나가 바로 자연의 위치의 중요성을 자각하기 위함일 것이다. '개발공부'를 하기 전에 '자연공부'를 하는 이유다. 즉 개발공부보다 '규제공부' 과정을 중요시해야 한다. 대한민국 국토는 맹지가 대다수 차지한 지경이므로.

예) 한강 조망권가치의 차이 – 한강의 힘(기적)은 단순히 서울의 기적으로 끝날 사안이 아니다. 서울의 한강과 경기도의 한강의 차이는 극과 극을 달린다. 한강의 위치에 따라 가격차가 극명하다. 가치가 달라진다. 강남 3구의 강변 입지와 경기도 일대 강변의 처지는 서로 입장차가 크다. 부동산에 관한 가격차로 승화될 뿐만 아니라 부동산에 관한 빈부격차도 심화된다.

물과 산의 위치와 가치 – 지방의 물과 산 가치가 경기도의 물과 산 가치보다 더 높을 수 없을 것이다. 물론 인구차이 때문일 것이다. 개발대상물이라는 측면에서 말이다(만약 예상과 달리 높은 상태라면 지방 조망권에 거품이 주입된 상황일 것이다). 위치의 차이가 곧 가치의 차이이므로.

물과 산 공부가 필요하다(=규제공부과정). 물과 산은 맹지와 관련 있어서다. 투자자가 맹지공부를 필요로 하는 이유다.

투자자는 조망권을 비롯해 역세권과 지상권 관계도 눈여겨 볼 필요 있다. 역세권, 지상권, 조망권은 같은 피를 가진 동족이다. 조망권 역사가 가장 깊고 그 다음이 지상권, 그리고 역세권 순으로 나이 차이가 심한 편이다. 조망권은 대자연을 적극 대변하는 입장이고 자연의 일부의 모습이 바로 지상권의 모습이다. 그리고 지상권을 '개발' 혹은 '재개발' 한다는 의미에서 역세권 역사가 가장 짧은 것이다.

결국, 역세권의 주요재료가 탁월한 위치의 조망권역과 빼어난 성능을 가진 지상권역으로 압축되는 것이리라.

역세권, 지상권, 조망권 등은 위치와 상황에 따라 가치가 상이하다. 권력+권한의 위치가 미래가치를 대변한다. 조망권은 역세권의 위치(신분)도 바꿀 수 있는 힘이다. 환경여건을 바꿀 수 있는 힘이다. 조망권 역시 역세권의 대선배다. 조망권 역량에 따라 역사 위치와 신분이 바뀌는 이유다. 부동산의 프리미엄을 대자연에 의존하는 형태(대목).

고수는 땅과 그의 일부도 부동산의 백그라운드로 인식한다. 땅의 장점도 중요하나, 약점도 간과하지 않는다. 약점의 미래가 곧 강점일 수 있다는 희망을 스스로 포기하지 않아서 생긴 긍정적 행동반경이다. 부동산에 관한 약점의 매력은, 그 약점이 변수에 의해 강점으로 점화, 승화 단계를 밟을 수 있다는 점이다. 나쁜 변수가 좋은 변수로 변하는 것인데 그 대표적인 게 규제지역에서 규제해제지역으로 전격 변하는 것이다. 가령 그린벨트 해제소식에 한 지역이 투기판이 조성되는 것이다. 기회를 악용하는 대신 응용하겠다는 의지와 다짐이 필요한 대목이다. 투자자의 인식전환이 긴요한 지경. 머리를 개조하라.

범례) '땅'의 의미 - 환자상태(컨설턴트와 의사가 현재 상태의 '미래'를 100% 보증할 수 없으므로)

땅과 환자의 공통점 - 치유과정이 반드시 필요한데 그 과정에 '과장'이 들어가선 안 된다는 것이다. 수술하기 전이나 투자 전에 의사와 컨설턴트는 환자나 투자자에게 치유과정 중 발생할 수 있는 나쁜 변수인 부작용 등에 관한 이야기를 꼼꼼하게 알려줄 의무와 책무가 있다. 이를 저버리거나 중략하는 행동을 한다면 회복불능의 큰 실수를 연발할 수 있다.

• **역세권의 잠재성** - 인구와 조망권에 의해 가치가 변하거나 강점당할 수도 있다. 역세권 반경이 무작정 넓을 수는 없다. 인구증가세는 늘 한계선에 이르므로. 마치 가격오름세가 늘 한계선에 이르는 양 말이다. 조망권은 역세권 반경을 함부로 정할 수 없다. 그런 처지다. 자연의 가치와 이치를 인간의 힘으로 일방적으로 저울질 할 수는 없는

것 아닌가. 인간의 노예가 자연이라는 착각 하나가 한 지역을 난개발 온상으로 변절시킬 수 있는 것이다. 개인적으로 자연의 가치와 이치를 제대로 견지할 필요 있다. 제대로 된 개발입지와 위치를 모색하기 위한 최선의 노력인 것. 요컨대 인구증가선은 한계선에 이르기 마련이요 조망권 가치는 대자연 가치를 대변한다는 자연의 진리를 취득(습득)하는 데 집중력을 발휘할 때이다. 역세권투자자가 가질 수 있는 전략이자 시행착오 줄이는, 리스크 줄이는 방도인 것이다.

• **역세권의 파워!** – 역세권의 힘은 인구로 관철되지만 인구의 변화가 더 중요하다. 변하지 않는 인구구조는 무의미에 가까울 테니까. 인구증가세를 체크할 필요 있다. 그러나 주거인구도 중요하나, 이동 및 유동인구의 힘도 무시할 건 아니다. 주거 및 고정인구에 집중도를 높이는 건 미분양과 공실의 우려 때문이다. 관광인구는 숙박시설, 위락시설 성적과 연관 있다. 공실에 신경 쓰지 않으면 안 될 것이다. 이동인구의 힘은 역세권의 또 다른 파워! 생명력의 지속성이 문제다. 사계절 모두 성수기일 수 없기 때문이다. 접근성이 높아지면서부터 지역변화가 나타나기 시작한다. '대자연'과의 빠른 교통, 소통능력은 역사의 파워와 관련 있다. 역세권은 두 가지 가치로 관철된다. 아파트단지를 자랑하는 역세권과 대자연을 자랑하는 역세권공간으로 말이다. 하나는 미분양을 우려하나, 하나는 미분양과 무관하다. 주거시설이라는 작은 공간은 개

발의 효력과 관련 있으나 대자연이라는 대형공간은 삶의 질적 가치와 연관 있는 공간인 것이다. 흥미로운 점은 주거시설 가격은 정해진 상태지만 대자연의 가격은 정해지지 않은 지경이라는 점이다. 대자연이라는 새로운 형태의 프리미엄은 부자들이 만들어놓은 가치다.

07. 역세권반경과 랜드 마크

부동산투자자에게 '역세권' 은 '지역 랜드 마크' 가 될 게 분명하다. 동일한 수준으로 수용할 수 있다. 그만큼 역세권 영향력이 확고부동하다는 것이다. 성공투자의 보증수표다. 그러나 역세권 자체로 모든 사안(변수)을 대변하거나 평가해선 안 된다. 직접역세권과 간접역세권의 힘을 높여주는 요소가 있다. 인구상태다(유동 및 이동인구—주거 및 고정인구와 다른 의미를 부여할 수 있으므로. 변수가 다양하고 유동적이기 때문). 주거 및 고정인구는 고정적이나, 유동인구는 유동적이다. 매일 매번 달라질 수 있다는 기대감을 수시로 느낄 수 있는 상황.

역세권 힘을 보태는 건 인구와 더불어 랜드 마크일 것이다. 즉 역세권이라는 타이틀(랜드 마크)에 다른 하나의 랜드 마크가 포함되는 것. 역세권 힘이 극대화 될 수 있는 기회다.
역세권의 힘을 보태는 것 – 지역 랜드 마크

예) 중소형부동산과 다양한 인구분포도(젊은 고정인구가 증가한다)

역세권이라는 지역 랜드 마크는 또 다른 형식의 랜드 마크를 원할 수 있다. 랜드 마크를 인위적으로 조성할 수 있는 법이니까. '대자연'을 랜드 마크로 승화시키는 경우도 태반 이상일 테니까. 요컨대 랜드 마크도 개발의 의미를 부여 받을 만한 가치가 있다. 상황에 따라선 개발 그 이상의 가치도 선보일 수 있다.

역세권 지역 랜드마크의 기준(노하우) − '지상물 〈 인물(인구)'
예) 유동인구를 끌어들일 수 있는 힘 − 대자연(대형 녹지 공간)

고정인구와 주거인구를 흡수할 수 있는 힘 − 중소형부동산이나 역세권 청년주택(상식적인 착한 분양가가 모토이다)

역세권이라는 지역프리미엄(랜드 마크)과 또 다른 유형의 랜드 마크가 정식으로 인연을 맺을 때 직접역세권 반경은 500미터 이상 발효, 발휘할 수 있다. 그 힘이 확대 재생산될 것이다. 즉 인구의 힘이 곧 역세권 반경을 조성하는 힘인 것이다. 투자자는 거리의 접근성보단 인구의 다양성에 집중하지 않으면 안 된다. 실수요자의 사고와 다른 것이다.

지역 랜드 마크의 의미(정의) − 지역을 대표할 만한 모토(특성)

마치 KS마크와 같은 성질을 지녀 지속력이 높다. KS마크가 공산품을 대상으로 품질을 보증한다면 지역 랜드 마크(land mark)는 부동산을 대상으로 성질을 보증할 수 있는 것이다. 부동산의 보증수표다. 부도수표가 아니다.

지역존재가치가 높은 경우 – 지역 랜드 마크가 확실한 경우 굳건하다.

예) 대규모 주거단지

그러나 지역존재가치가 낮아 지역애물단지, 지역혐오시설물로 전락하는 주거단지가 있다. 그건 바로 꾸준히 증가하는 미분양아파트이다. 비어 있는 아파트는 마치 비어 있는 마천루와도 같다. 마천루 자체는 지역 랜드 마크로 손색이 없으나 공실률이 높다면 이 역시 지역 랜드 마크에서 전격 지역애물, 지역혐오시설물로 변절되고 마는 것이다. 그러나 회복불능상태에서 벗어날 기회가 전혀 없는 건 아니다. 높은 공실, 미분양현상의 원인은 거품이기 때문. 거품제거능력만 발휘할 수 있다면 미분양과 공실현상은 사라질 것이다. 지역 랜드 마크로 자리매김할 수 있는 기회다. 부동산주인의 각성과 반성이 동반되었을 때 지역성장의 잠재력이 높아질 수 있을 것이다.

일단의 역세권투자자의 관심사 – '수치'
예) 용도지역(건폐율과 용적률), 거리, 인구수
재차 강조하지만 역세권 거리보단 역세권 인구에 초점을 맞추는 건 당연지사다.

예) 직접역세권 500미터보단 500명이 우선인 것이다. 직접역세권에 5000명을 수용할 수 있다면 직접역세권은 500미터가 아닌 5000미터 이상이 될 수 있기 때문이다. 역 역량, 영향력, 잠재력이 광대해지는 것이다. 인구는 거리와 반경을 조성할 수 있는 힘이 있기 때문이다. 수용인구가 만약 50명에 불과하다면 직접역세권의 존재성은 거의 0으로 기록+점철될 것이다. 역 역할을 제대로 이행할 수 없어서 하는 말이다.

역세권은 '거리' 보단 '방향' 이 더 중요하다. 땅 살 때 지역브랜드 가치와 지역 랜드 마크에 치중하기보단, 위치의 중요성에 집중력을 보일 필요 있다. 그게 안전하기 때문. 위치를 정했다면 가격수준도 점검한다. 지역 랜드 마크나 브랜드가치는 거품의 온상일 수 있지만 정확한 위치는 정확한 가격과 인연을 맺게 하는 힘을 보유하고 있기 때문. 지역보다 더 중요한 건 위치와 가격이다. 수도권에 접근하든 비수도권에 접근하든 위치와 가격 체크과정을 밟는 건 기본원칙이다. 위치와 가격은 반드시 정비례하기 때문이다. 역이 들어설 지역도 마찬가지다. 역이 들어설 거라는 이슈거리보단 역의 방향이나 위치가 더 중요한 것이다. 거리보단 방향이 더 중요하다고 말할 수 있다. 역과의 거리가 가깝다고 반드시 가격이, 가치가 높은 건 아니다. 역사규모가 넓다고 개발효과가 반드시 큰 것은 아니다. 역사거리와 많이 떨어졌다고 해서 개발효과가 떨어지는 건 아니다. 착각 대신 자각하라. 역개발은 한 방향에 집중 개발하는 경우가 얼마나 많은가. 거리보단 방향, 위치에 집중하는 투자자의 미래는 밝다.

 • **역세권과 역세권투자의 필요성과 중요성이 함께 대두(화두)되는 이유** – 역세권 관심도가 높아지는 건, 모든 부동산은 역사를 중심으로, 기준선으로 개발하기 때문이다. 물론 역사가 존재하는 곳에서 가능한 일이다. 그렇기 때문에 개미투자자들은 역사의 존재가치와 희소가치에 집중력을 높이지 않으면 안 된다. 모든 역사가 개발의 중심이 될 수는 없다. 그렇기 때문에 부동산광고에 주의하지 않으면 안 된다. 예컨대 건설사광고 중, 역과의 거리를 강조하는 과정에서 의심의 여지가 남는다. 역의 중요성을 강조할 때 역의 위치가 더 중요한 것이다. 입지가 형편없는 역사와의 거리는 아무리 가까워도 소용없다. 거리와 입지가 반드시 비례하는 건 아니다. 요컨대 역 중심의 개발은, 마치 모든 도시가 서울을 중심으로 접근성을 기대, 견지하는 것처럼 그 사안이 중차대한 것이다. 역의 위치가 해당부동산의 미래를 결정하듯 서울과의 높은 접근성 역시 미래를 관철할 것이다. 역사 하나가 다양한 도로의 건설을 유도(주도)할 수 있고 다양한 인구 또한 유입(흡입)할 만한 능력을 가지고 있는 것이다. 건축행위를 한다면 역사가 그

기준선이 될 수 있다. 다만 접근성을 따질 필요는 있다. 접근성 낮은 맹지와 높은 맹지가 있듯 접근성 높은 역사와 접근성 낮은 역사도 존재할 수 있다. 역사 자체에 신경 쓰지 말자. 접근성(신속 정확한 교통흐름도)이 중요하므로 역세권의 존재가치가 거리가 보증수표가 될 수는 없다. 아무리 가까워도 사람의 접근을 금지하는 곳이 있다. 거품가격으로 접근이 수월치 않거나 편익공간이 부족하여 접근을 허용하지 않는 경우가 있다. 개미투자자들이 반드시 인식할 부분 중 하나가 바로 역세권의 특성이다. 거리와 상관없이 가격이 무조건 오른다는 점이다. 투자자가 반드시 생기는 이유다.

• **안정적인 역세권범위와 위치** – 부동산의 꽃은 주거지역 내에서 발견된다. 미분양 우려 속에서도 여전히 아파트가 부동산의 꽃이란 사실을 외면할 수 없기 때문이다. 주거시설 중 가장 많은 영역을 아파트가 차지하고 있지 않은가. 재건축이나 리모델링 과정을 거치고 있지만 그 비중이 65%정도이니 말이다. 부동산엔 심장도 있다. 꽃보다 더 중요하다. 그 기능과 역할을 역세권과 신도시가 대신하고 있다. 신도시는 부동산 미래를 보장한다. 국가에서 보장하는 입장이다. 신도시에 형성되는 대규모 아파트를 통해 경기부양책을 과감히 쓰려는 정부 의도가 노출되기도 한다. 이는 인구가 몰리는 이유가 될 수 있다. 실수요자와 가수요자가 균형감각을 이룬다. 그러나 역세권은 규모와

영향력이 확연한 차이점을 보인다. 주거지역과 상업지역과 공업지역과 녹지공간이 적정하게 이루어진 상태라면 최고의 역사이겠지만 그러한 관계가 정립+성립되지 않은 상황이라면 불안하지 않을까. 주거단지가 미약하여 상업 및 업무시설, 각종 편의시설들이 부실할 수도 있다. 미비할 수 있다. 산업단지와 관광단지가 함께 입성할 수 있는 여건의 역사도 존재한다. '역세권범위와 위치' 이 두 가지 조건만 충족한다면 만점이다. 이 두 가지 사안 중 어느 사안이 더 중요할까. 역세권반경과 범위가 확실하게 넓다는 건 다양한 인구분포도를 보증할 수 있는 것. 역세권의 위치 역시 인구가 뒷받침 되지 않으면 안 된다. 인구가 부족한 상태에선 역세권범위가 좁아지기 마련이다.

한 가지 잊지 말 것은, 역시 역사와의 거리가 가깝다고 해서 무조건 미래성이 강한 건 아니라는 사실이다. 인구보장이 안 된 상태에선 역시 거리도 무용지물인 것이다. 물론 추후 인구가 유입될 수 있겠지만 현재 상황을 통해 미래를 견지하는 게 안정적이다. 수도권노선도는 그 모양새와 성질이 너무도 판이하다. 완성도가 너무 낮은 곳이 많다. 기대와 다른 방향으로 달리는 전철이 한둘이 아니다. 목적과 목표점 없이 마구 질주한다. 방향감각이 없다. 개발완료상태지만 미성숙한 모형. 지구단위계획구역으로 지정된 상태의 역사 역시 한둘이 아니다. 역사형성도와 그 속도가 미비하거나 미약해도 포기하지 않는 이유다. 다양한 용도지역이 분포되어 있는 역사가 있는가 하면 단순한 구조의 지역도 없는 건 아니다. 녹지공간이 넓고 대자연 모토 속에 역세권이 형성된 지역도 있다. 각자의 특성을 견지할 필요 있다. 그 특성이 가격상승의 이유가 될 수도 있기 때문이다. 인간의 각각의 개성을 무시할 수 없는 것처럼 다양한 역세권의 개성을 무시할 수 없다.

08. 역세권가치와 도로의 가치

'지역의 특성과 역세권 용도지역'의 관계만큼 중요한 건 '역세권의 가치와 도로의 가치' 관계일 것이다.

도로 존재가치에 따라 역사 존재와 미래가 함께 조율되는 판국이니까.

역세권의 가치와 도로의 가치 − '역세권과 도로의 존재가치'가 부동산투자자에겐 중요한 이슈거리임엔 틀림없다. 주요관심사가 아닐 수 없다.

문제는, 역세권 형성과정이 험난하거나 도로가치가 기대와 다른 방향으로 흐르는 경우도 다반사일 수 있다는 점이다. 역시 역사 위치와 도로 위치, 즉 낮은 접근성이 문제의 발단이 되는 것이다. 애초 개발위치에 대한 깊은 분석과정과 성찰이 필요 했는데 그걸 등한시하거나 생략한 결과이다. 무엇보다 '용도'에 지나치게 집착한 게 큰 문제다. 용도지역이 바뀐 상태지만 인구유입현상이 부실하거나 용도지역이 바뀌지 않은 상황에서도 새로운 인구가 유입하는 경우의 수도 없는 건 아니다. 곧 용도 자체(전체)가 중요한 게 아니라 입지(위치) 및 지역 랜드 마크가 더 중요하다는 것이다.

지역특성(예-자연환경조건)인 '개성'을 무시할 수 없는 이유다. 지역 랜드 마크는 지역특성과 맥을 함께 할 수 있는 것이다. 부동산의 물리적 고정성과 잠재성은 서로 연관 있다. 물리적 고정성이란 대자연 속에서 늘 발현하는 성질일 테니까.

개발대상물인 대자연의 일부분의 미래가 잠재성으로 추후 포효할 것이다. 역세권 형성 위치는 도로의 위치와 관련이 없을 수가 없는 것이다. 철도의 대선배가 바로 도로이기 때문이다(예-철도법은 폐지되었으나 도로법은 존속 중). 도로 없는 철도는 없다. 도로의 미래가 곧 철도의 미래다. 도로 없는 철도는 '철도'가 아닌 '철거' 대상이다. 무용지물이므로. 철도는 대자연의 일부일 수 없지만 도로는 대자연의 일부임엔 틀림없다. 자연발생적으로 생긴 작은 도로가 국토 대부분을 차지하는 상황이므로.

부동산에서의 도로 역할은 부모 역할과 같이 중요한 자리다. 도로가 철도보호자인 셈이다. 도로가 존재하므로 규제(예-철도보호지구)주)도 가능한 법(예-저촉). 규제는 사람 때문에 존속하는 것이다. 사람 보호가 곧 규제의 이유다. 부동산보다 사람이 우선이라는 모토가 짙게 깔려 있는 것이리라. 가령 접근금지공간과 접근 시 훼손범위를 최소화 하는 것. 사람이 있건 없건 도로는 항상 존재한다. 기생한다.

[註] 철도보호지구-안전운행과 철도보호를 위해 철도경계선으로부터 30미터 이내의 지역을 보호한다. 이 범위 내에선 개별적 개발행위(예-토지의 형질변경 등) 등 철도보호를 저해할 수 있는 모든 장애사안들을 배제한다.

지역도로들 역할에 따라 철도 미래가 관철되는 것이다. 지역도로들이 철도를 낳는 구조다. 역세권 형성과정에서 부실한 모습이 목격되는 건 역사 입지와 위치에 문제가 있어서다. 즉 개인투자자의 선결과제는 철도공부를 하기 이전에 (크고 작은 각종) 도로 공부가 완벽한 상태를 유지할 수 있는 능력을 보유하는 일이다. 도로 존재가치가 낮은 곳에 역사가 조성되는 경우엔 지역진보세력이 크게 발현할 수는 없는 것이다. 낮은 접근성은 인구접근을 방해하는 장벽 아닌가. 크고 작은 도로가 없다면 역세권의 잠재가치는 0을 향해 빠른 속도로 달려갈 것이다.

철도가 생김으로 인근 도로역할이 커지고(예-연장 및 확포장 도로증

가) 도로 존재가치가 철도의 잠재가치를 극대화 시키는 원동력이 될 수 있을 것이다. 도로 힘 때문에 철도가 생기는 것이다. 도로의 힘은 지상물을 만들 수 있는 원천이므로. 도로 없는 철도 없듯 도로 없인 지상물도 존재가치가 없는 것이다. 무허가 건물로 인정하여 추후 (다수의 사람들로부터) 모든 보호막을 분실하고 말 것이다.

도로 미래는 사용자(주거 및 유동인구)에 의해 그 가치가 달라진다. 역 위치와 길 위치가 잘못된 경우도 없는 건 아니다. 이런 경우는 사용자가 무임승차하는 경우와 같아 소모전일색이다.

'농촌역세권' (건축물보단 논이나 밭 등 농지와의 접근성이 높은 역사. 역세권의 종류는 건축물과의 높은 접근성을 자랑하는 공간과 자연과의 높은 접근성을 자랑하는 공간으로 나누어질 수밖에 없으므로. 동시에 충족하는 경우는 없는 것이다. 어중간한 역사는 없다. 직접역세권과 간접역세권으로 분류할 수 있는 것이다. 역사의 색깔은 반드시 존재한다. 왜? 지역색깔, 지역성질 없는 국토 공간은 있을 수 없기 때문이다. 지역특성이 역사의 성질과 성장을 경청하고 결정할 수 있는 것이리라)의 역할은 도시의 역세권 동력과 큰 차이가 나기 마련이다.

수도권역세권이 다 만족스럽지는 않을 것이다. 실망하는 경우도 있다. 전체적인 수도권의 높은 인구밀도만 믿은 게 화근. 정밀한 접근을 안 한 게 문제를 키웠다. 개별적으로 지나친 인구쏠림현상을 간과

한 게 큰 문젯거리다. 수도권지역의 인구의 질적 양적가치의 차이가 심하다. 거대도시 3곳과 군 단위 기초 자치단체 3곳의 인구격차를 견지할 필요가 있는 이유다. 갈수록 그 격차, 가치는 더 심해질 기세다. 수원, 용인, 고양과 더불어 분당 및 판교신도시가 있는 성남 역시 거대도시로 발돋움할 게 분명하므로. 그 힘이 배가가 될 것이다. 반면 양평, 가평, 연천 등은 주거 및 고정인구 의존도가 높은 수원 등과는 다른 색을 가진다. 지방색이 다르다. 유동 및 관광인구 의존도가 너무 높아서다. 대자연의 활용도 대비 주거시설물 활용도가 미흡하다. 사람의 존재가치보단 자연의 잠재가치가 더 높다. '자연'을 판매하는(매매행위) 자가 급증세다. 자연을 기획한다. 가격기준이 없어 이 역시 문제다. 아파트 조망권 대비 비싼 편이다(공동주택과 단독주택의 존재가치 차이다. 잠재가치는 단독주택이 우위다). 가격기준선이 없어서다. 분양가상한선이 없다. 자연과 꿈(상상력)을 판매하는 자가 급증세다. 전원 및 장수시대라 가능한 일.

지역특성과 역세권 용도지역. 이 두 가지 사안을 통해 지역미래가치에 대한 변화현상이 일어날 수 있다. 역세권 형성조건이 그 지역의 랜드 마크역할을 할 수 있지만 역세권 용도지역에 일방적으로 지배받는 일은 없어야겠다. 역세권의 최대 목표점은 용도변경과정 및 각종 부동산 입성이 아니라 인구의 흡수와 그 효과일 수 있기 때문이다.

비어 있는 아파트와 상가는 지역 랜드 마크가 아닌, 지역애물단지로 남을 것이다.

역세권 변수의 다양성 – 인구의 다양성과 맥을 함께 한다. 결코 부동산 및 용도의 다양성은 아니다. 개인투자자에게 당장 필요한 건 지역급소 발견 작업이다. 부동산에 관한 전반적인 핵심을 잃은 상태란 중심 잃은 도로상태와 같다. 투자자는 지역 랜드 마크 매력에 흠뻑 빠짐으로 말미암아 투자를 결정한다. 지역 랜드마크는 지역의 이미지를 부각시키는 키워드 아닌가. 이미지를 숭상하여 대대적으로 전국적으로 존재가치를 널리 알린다. 새롭게 단장된 고속도로를 지역 랜드 마크로 극화하고 거기에 집중 투자하는 경우도 있다. 새로 생긴 역세권 역시 지역 랜드 마크일 수 있다.

문제는, 하수가 바라보는 지역 랜드 마크에 하자 발생이 다분하다는 점이다. 지역특성이 더 중요한데 말이다. 역세권 용도변경과정도 중요하지만 지역특성이 더 중요하다. 지역특성은 입지(자연환경)와 직접적으로 연관 있기 때문이다. 인구유입효과가 미흡한 지경의 상업지역보단 인구유입 가능성(잠재성의 발로)이 높은 '비상업지역' 미래가치가 더 높다. 현실성 잃은 미래성은 마치 도로 잃은 철도 미래와 같다. 길 잃은 철새와 같다.

현재가 있고 나서 미래가 있는 법이니까. 비현실적인 역사 효과를 바라는 건 무리라는 것이다. 그 대표적인 게 바로 역사개발예정지라는 이유로 터무니없는 거품가격에 투자자를 모집하는 행위다.

가치 대비 가격수준이 비현실적이라면 그곳은 접근금지구역으로 규제지역이다. 규제의 공간은 가치로만 만들어지는 건 아니다. 가격 하나가 가치를 송두리째 사멸시킨다. 투자자는 역세권의 가격과 도로 가격에 신경 쓰기보단 역세권의 가치와 도로의 가치에 신경 쓰지 않으면 안 될 것이다(지역성질의 가격과 용도지역의 가격 또한 마찬가지. 지역성질가치와 용도지역의 상황, 즉 위치를 따질 필요 있다).

가치의 상황에 따라 가격이 정해지는 게 순리 아닌가. 순리에 역행하는 일은 하지 않는 게 낫다.

"그 땅 얼마에요?"라는 질문보단 용도지역 위치를 알아보는 게 순리다. 거기에 집중하는 게 성공의 지름길이다.
올바른 현장답사과정이 필요한 이유다. 물론 답사 이전엔 답사할 수 있는 바른 방도(왕도)를 견지할 수 있어야 한다. 그런 경지에 이르지 않은 상태에서의 현장답사과정은 무의미한 것이니까. 부동산에 대한 현장감의 다른 말은 제육감이다. 투자자에게만 느낄 수 있는 또 다른 감정이다. 현장을 아는 것과 깨닫고 느끼는 과정은 사뭇 다른 성질을 가진다. 투자를 결정하는 힘은 아는 게 아니라 느끼는 과정이다. 지식보다 지혜가 훨씬 앞선다. 지식은 겉모습이지만(하드웨어상황) 지혜는 속성인 소프트웨어이다. '지식'으로 움직이는 투자자의 미래는 지혜를 주무기로 움직이는 자의 장래를 이길 수 없다.

• **지하철 상권과 버스 상권** – 지하철 상권과 버스 상권의 차이점은 무엇일까. 지하철 상권은 우선 큰 도로와 연계하여 가격거품현상이 자주 발생할 수 있지만, 버스 상권은 작은 도로와 큰 도로를 함께 연결하는 비교적 정밀한 도로 구도를 그릴 수 있는 상황. 구체적이다. 가격거품보단 시세에 근접할 수 있는 이유다. 가격구조가 다양한 편이다. 모세혈관과 같이 연결되어 있기 때문이다. 크고 작은 도로가 연결된다. 정밀하다. 지하철 상권은 주변이 대단위 아파트단지가 주를 이룬다. 물론 예외도 있다. 버스 상권 주변은 단독주택이나 소형공동주택이 주를 이룬다. 철도의 역할과 도로 역할은 차이가 크다. 가치면에서 큰 차이가 있다. 차별화가 심하다. 지역별, 상품별로 그 기준을 잡는다. 여하튼 지하철 상권만의 매력이 있고 버스 상권만의 장점이 있다. 굳이 크게 구분할 필요 없다고 본다. 문제는, 접근성과 현장감의 차이점이다. 접근성이 몹시 떨어진 곳이 역사개발지일 수도 있다. 역사가 발현하면서 지역개발이 이루어지는 모드. 전철과 버스노

선이 함께 이루어지는 곳도 있다. 수원역 환승센터의 능력은 탁월하다. 돋보인다. 전철노선(예−경전철)과 버스노선(예−마을버스)이 동일한 경우도 있다. 지하철 상권주변과 버스 상권주변은 다르다. 상업 및 업무시설이 들어서고, 일반 및 준주거지역형태다. 지하철 상권의 인구와 버스 상권의 인구를 비교할 때 인구의 양적, 질적 차이를 모색할 수 있다.

09. 역세권가치의 극대화 방도

역세권의 역량, 효과가 거대한 경우는 역과의 거리보단 역시 인구를 더 중요시 여기는 경우! 역세권의 핵심사안(급소)은 거리가 아닌 인구형태인 것이다.

역세권의 미래가치는 단순히 부동산의 수보다 인구의 수에 영향을 미칠 수 있기 때문이다. 직접적으로 말이다. 거리는 간접영향을 받기 때문이다. 거리가 박대 받는 경우의 수도 있다. 그러나 인구는 환대 대상.

예) 역사를 하루 이용하는 이동인구의 수. 그리고 고정 및 고용인구, 주거인구 등(대규모 산업 및 주거단지의 영향력이 곧 지역잠재력)

인구의 다양성이 역세권 미래가치를 적극 대변하는 것이다. 역세권

반경이 500미터일지라도 미분양 및 공실이 많은 부동산들이 즐비하다면 역세권 역할을 제대로 수행할 수 없을 것이다. 비어 있는 역세권은 비어 있는 사람 머리와 같다. 지식과 지혜가 부족한 두뇌와 같아 가치가 낮다. 지식과 지혜로 꽉 채워진 사람의 두뇌가치가 잠재가치가 높듯 다양한 인구로 채워진 역세권의 미래가치는 높아질 수밖에 없다.

비어 있는 역세권은 두 가지로 분류할 수 있다
1. 인구가 태부족인 역사
2. 지상물이 태부족인 역사

지상물만 즐비한 채 인구가 부족한 경우엔 빈 수레만 요란해 거품 가격이 심화될 것이다.

거리 – 투자의 직접적인 요인
이슈거리 – 땅값상승의 주요요인
예) 지역자랑거리 – 지역특성

역세권거리 – 직접역세권의 경우가 반경 500미터이지만 인구에 따른 변수도 다양하다
거리의 의미

1 거리 – 감사거리, 일거리, 놀거리, 살거리…

2 거리 – 접근성

예) 랜드 마크와의 거리

역세권과의 거리를 이슈화 할 수 있는 건 부동산가격과 관련 있기 때문이다.

부동산가격의 상승요인 – 각종 지상물이나 시설물, 인물(인구)의 증가.

부동산가격의 하락요인 – 장애물(지역방해물, 혐오시설물)의 증가.

장애물을 전멸시키는 방도 – 마중물을 적극 모색하는 것.

부동산의 마중물 – 인물, 지상물, 시설물 등. 그리고 인구증가현상(젊은 인구증가현상, 출산가능인구증가현상).

부동산의 장애물 – 놀고 있는 도로 증가, 인구감소현상, 미분양 및 공실률 높은 지상물 증가.

10. 역세권투자의 기준

역세권 토지투자의 기준은 세 가지로 분출할 수 있다. 역세권아파트와 역세권 건물투자의 기준 역시 세 가지로 분출할 수 있다. 거리와 인구, 도보 시간 등으로 말이다.

　요컨대 역세권투자는 인구가 주축(구심점)이 되어야 한다. 거리가 멀다고 해서 인구가 유입되지 않은 건 아닐 것이다. 도보 시간이 많이 소요된다고 해서 무조건 인구유입이 버거운 건 아니다. 거리가 가깝다고, 그리고 도보 소요시간이 적다고 안심할 건 아니다. 방심은 금물이다. 거리가 가깝고 도보 소요시간이 적다고 무조건 인구유입이 수월한 건 아니므로.

　접근성은 거리, 시간과 직접적인 연관성이 없을 수 있다는 것이다. 접근성은 입지이기 때문이다. 자연환경의 적응 및 응용력이 중요하다. 전철의 힘은 수도권에서 발효 중이다. 서해안시대, 서해선의 위력과 경강선 효과에 지대한 관심을 가질 필요 있다. 비교분석이 긴요한 지경이다.

서해안이 유리한 점 – 서울특별시와 경기도, 그리고 인천광역시가 존립하는 상황. 인구의 집중력이 곧 잠재력으로 승화되는 판국.

　서쪽의 수도권(서울, 경기, 인천)의 강력한 라이벌은 대각선으로 이어진다. 경상도 파워는 여전히 세다. 역대 대통령을 가장 많이 배출한 성지가 바로 경상도 아닌가. 인구 파워가 대단한 이유다. 역시 지상물

파워는 인물에 의해 작동하는 것. 그 위력이 대단하다.

차제에 서해선과 경강선의 차이점을 바로 견지할 필요 있다. 역세권투자에 관한 안전거리확보를 위해서 말이다.

서해선(西海線)은 경기도 고양시 대곡역과 충남 홍성군 홍성역을 잇는 간선철도노선으로 경기도 부천시 소사역에서 안산시 원시역을 잇는 수도권전철의 운행계통을 일컫는 말이기도 하다. 남쪽으로 장항선과 직결되면서 서해안 일대 새로운 축이 형성될 것으로 보인다. 대야 이남에서 장항선을 거쳐 전라선과 이어져 경부축을 운행하는 화물열차의 우회노선이 가능해진다. 서해선 구간 중 소사~원시 구간의 개통은 시흥시의 남북 교통에 지대한 영향을 미칠 것으로 보인다. 소사~원시구간엔 차후 신현역과 시흥시청역 사이에 하중역(가칭)이 신설될 예정이다. 송산~홍성구간은 2015년 5월23일 착공해서 2020년 개통예정이다. 대곡~소사선은 대곡역부터 장항선의 홍성역까지 환승 없이 열차가 운행된다. 신안산선 원시~송산 구간과 연결될 예정이다. 아직 미착공상황.

신안산선(新安山線)은 여의도역에서 한양대역 및 송산역을 이을 광역철도노선으로 시흥시청~원시구간은 서해선과 공용할 예정이다.

착공예정상태다. 개통 예정은 오는 2023년이다. 경강선(京江線)은 경기도 시흥시 월곶역에서 강원도 강릉시 강릉역을 이을 간선철도노선으로 경기도 성남시 판교역에서 여주시 여주역을 잇는 수도권전철의 운행계통을 일컫는 말이기도 하다. 수도권전철구간인 판교역~여주역구간(2016년 9월 24일 개통)과 간선철도구간인 서원주역~강릉역구간(2017년 12월 22일)이 개통되었으며 월곶~판교선, 여주~서원주구간은 계획 중이다. 판교~여주구간엔 판교역과 이매역 사이에 성남역이 신설될 예정으로 삼성~동탄광역급행철도(수서평택고속선)주)와 교차하는 지점에 환승역이 신설된다.

[註] 수서평택고속선–서울 강남구 수서역을 기점으로 동탄역, 지제역을 지나 평택연결선에서 경부고속선과 연결되는 고속철도노선.

＊원주~강릉

중앙선 서원주역과 영동선 강릉역을 잇는 구간.

＊월곶~판교선

경기도 시흥시 월곶역과 경기도 성남시 판교역을 잇는 40km의 철도노선

시흥시청역 – 광명역구간은 신안산선과 노선을 공용한다.

11. 역세권 형성지역에 땅 투자자가 집중적으로 몰리는 이유

역세권이 형성될 만한 지역에 땅 투자자가 급증하는 이유는 여러 가지 있을 수 있지만 그중 한 가지가, 땅의 장점보단 단점이 훨씬 적어서 일거다. 리스크가 적다는 것이다. 다량의 다양한 장점이 미량(소량)의 맹점을 막을 수 있기 때문이다. 중요한 점은, 장점의 강도를 제대로 견제하는 것. 강도(수위)가 잠재력의 표상일 수도 있다. 특징이 많다. 변수가 많다. 용도가 다양하다.

내 땅 자체에 용도변화현상이 일어나지 않아도 그 주변정세변화가 내 땅 미래에 힘을 실어준다. 심어준다. 무엇보다 그 누구도 막을 수 없는 사람들의 집중력과 관심사가 큰 힘이 되고 있는 것이다.

파주역일대는 계획관리지역과 개발진흥지구, 그리고 제한보호구역(군사기지 및 군사시설보호법)으로 구성되어 있다. 현장감은 낮으나 다양한 역사구도가 잠재성을 기대하는 이유다. 금곡역일대는 자연녹지지역과 준주거지역, 개발제한구역과 문화재보호구역으로 구성되어 있다. 택지개발지구로 지정된 평내호평역일대는 일반상업지역과 자연녹지지역과 제3종 일반주거지역, 그리고 제1종 지구단위계획구역(호평택지지구)이다. 한남역일대는 자연녹지지역과 역사문화미관지구

로 지정된 지경. 마곡나루역 주변정세도 다양하다. 일반상업지역, 준
공업지역, 공항시설보호지구, 최고고도지구, 그리고 지구단위계획구
역(마곡도시개발사업)이다. 신방화역은 생산녹지지역과 제3종 일반주거
지역, 공항시설보호지구, 일반미관지구, 최고고도지구로 구성된 곳.
공항시장역은 지목이 도로지만 특이하게도 지번이 산 20-2로 명기되
어 있다. 근린상업지역, 제2종 일반주거지역, 공항시설보호지구, 최고
고도지구, 제1종 지구단위계획구역으로 분포되어 있는 곳이다. 지목이
구거인 탄현역은 제2종 일반주거지역, 개발행위허가제한지역, 지구단
위계획구역 등으로 분포되어 있다. 6호선 환승역이 들어설 예정인 경
춘선 신내역일대는 자연녹지지역, 개발제한구역, 군사시설보호구역(제
한)으로 구성된 지경. 대곡역일대는 자연녹지지역과 개발제한구역, 농
업진흥구역으로 구성되어 있다. 개발예정지로서 토지거래계약에 관한
허가구역으로 지정된 지경. 양정역일대는 지목이 목장용지다. 자연녹
지지역, 개발행위허가제한지역, 개발제한구역으로 구성. 새로운 도시
가 형성될 예정이다. 양수역은 자연녹지지역, 제1종 일반주거지역, 준
주거지역으로 구성되어 있다. 도심역은 근린상업지역과 자연녹지지
역, 준주거지역, 수질보전특별대책지역이다. 대성리역일대는 계획관
리지역과 수질보전특별대책지역. 상천역일대는 계획관리지역에 주거
개발진흥지구로 지정된 지경인데 주거개발진흥지구는 주거기능을 중
심으로 개발, 정비할 필요가 있는 지구이다. 지구단위계획구역이다.

용적률 높은 용도지역과 낮은 지역이 혼재한 지역은 잠재력이 높을 수 있으나, 그 반대로 문제도 있을 법하다. 둔전역일대의 경우 잠재력은 미약한 수준. 자연녹지지역, 수변경관지구, 군사시설보호구역, 수질보전특별대책지역으로 구성돼서다. 보평역일대는 자연녹지지역, 중요시설물보존지구, 수질보전특별대책지역으로 분포되어 있다. 중요시설물보존지구는 국토의계획및이용에관한 법률상 용도지구 중 보존지구의 하나로 국방상, 안보상 중요한 시설물의 보호와 보존을 위해 필요한 지구다. 능곡역일대는 자연녹지지역, 개발제한구역이다. 송도역일대는 보전녹지지역, 자연녹지지역, 공익용보전산지가 산재해 있다. 그렇지만 용적률 낮은 용도지역이 무조건 잠재력이 낮은 건 아닐 거다. 송도역일대의 경우 현장감이 낮은 건 아니라서다. 개발제한구역과 군사시설보호구역의 도봉산역도 마찬가지. 단독주택이 전무한 상태에서 대규모 아파트단지만 보인다. 군사시설보호구역에 비오톱1등급으로 지정된 지경. 상수원보호 대상의 상일동역일대도 마찬가지입장이다.

변수 많은 역세권의 미래는 기대감이 크다. 무궁무진하다. 좋은 변수가 나쁜 변수보다 더 많아서다. 역세권 형성지역의 땅이건 역사의 지상물이건 매수자가 급증하는 이유다. 역세권의 단점은 단순하다. 그건 거품가격이기 때문이다. 그것만 주의하면 안전하다.

the power of power

Chapter
02

·

국토의 특징(국토대별방법)

02

국토의 특징(국토대별방법)

01. 강남북과, 수도권과 비수도권의 차이

강북지역과 강남지역의 격차는 날이 갈수록 더욱더 크게 벌어질 것이다. 강남4구 등은 양적가치 대비 질적 가치의 화력이 더욱더 거세지고 있기 때문이다. 가치는 차치하고 가격 차이를 극복할 수 있는 유일한 길이 바로 강남집값폭락인데 그런 일은 절대적으로 일어날 수 없다. 강남사람들(부동산주인들) 수준이 워낙 강대해서다. 부동산 활동력과 권력이 강북사람들보다 강하고 넓다. 강북지역과 강남지역의 격차를 격파하는 방도는 없다. 빈부격차는 나라님도 손댈 수 없는 사안. 강북지역과 강남지역의 격차는 부동산의 빈부격차 그 이상이다. 여전히 부동산1번지는 강남지역이다. 누구도 이의를 제기할 수 없다. 그런 데 강남북 인구 차는 가격차 대비 그다지 크지 않다. 강남3구의 경우 약1,500,000명이고 강북3구의 경우는 약1,300,000명 수준을 고수하고 있다. 지방 사람들의 강남투자 활동량이 매번 바뀌니 이 통계와 수치의 정확도는 높지 않다. 강북지역에 사는 이유가 부동산가격의 저렴화이겠지만 강남지역에 사는 경우는 투자가치에 대한 기대감이 강북 대비 훨씬 커서일 거다. 강북지역은 실수요자 중심으로 인구가 형성되어 있지만 오름세가 강남보단 미약하다. 강남지역은 실수요자와 더불어, 투자자도 함께 몰리는 지경. 특히 지방부자들도 눈독 들이는 대형공간이 바로 강남이다. 강남가격오름세에 대한 기대감이 높아서다.

수도권 역시 비수도권인구와 엇비슷한 지경. 수도권은 강남지역처럼 실수요자와 투자자가 함께 어우러져 균형감각을 이룬다. 다양한 인구분포도가 지역자랑거리다. 이슈거리다. 가격오름세가 꾸준한 편이라서다. 규제를 무서워하지 않는다. 규제가 영원하지 않다는 사실을 잘 알고 있는 부동산부자가 강남지역에 집중 몰려 있다. 비수도권지역은 실수요자 중심으로 분포되어 있다. 가격오름세가 미약해서고, 관광지나 농촌 및 오지가 다수 포함된 지경이라서다. 귀농 및 귀촌시대와 무관치 않다. 강남권 아파트는 미분양률이 낮다. 수도권 땅은 환금성이 높다. 강남지역의 부동산가치와 가격이 동반 상승하는 통에 그런 것이요 수도권인구의 꾸준한 증가세가 환금화과정을 순탄하게 만드는 강한 연유가 되는 것이다.

02. 왕초보의 역세권

역세권은 두 가지 유형으로 대별할 수 있다. 장기간 인구감소현상에 시달리는 역세권과 그 반대의 역세권으로 말이다. 인구가 감소하는 역세권지역은 거품의 온상이 큰 문젯거리다. 미분양의 원인 역시 거품 때문. 인구가 증가하는 역세권지역은 꾸준한 가격오름세를 유지한다. 투자자가 증가할 수 있는 여건이다. 인구가 증가하는 역세권도 있지만 인구가 증가하는 조망권도 없는 건 아니다. 인구가 증가하는 조망권은 역세권 형성지역으로 아파트 프리미엄이 발현할 수 있는 여건을 조성한다. 조망권 입지의 중요성이 대두되는 대목. 이를 테면 김포한강신도시나 미사강변도시의 존재가치가 기대되는 것이다.

역세권 존재가치와 미래가치가 바로 현재와 미래의 대변자역할을 하고 있다. 역세권의 현재가치와 미래가치가 같은 경우의 수도 없는 건 아닌데, 이런 경우는 변수가 전무한 경우라 할 수 있다. 미래가치를 운운할 자유와 여유가 없다. 예를 들어 용도변경이나 인구증가현상이 전무한 지경이다.

직접역세권과 간접역세권 중 외려 간접역세권 인구가 증가세를 보인다면 거품이 발생할 수 없는 가격구조 때문일 것이다. 거품질환에 신물을 느낀 직접역세권 인구세력들이 간접역세권으로 대거 이동하는 경우의 수도 발생할 수 있다. 역세권투자자 일부도 그런 맘이 생길 수 있는 것이다. 실패한 역세권과 성공한 역세권의 기준은 무엇인가. 용도변경 여부도 중요하겠지만 인구의 증가여부가 더 중요하다. 인구가 감소하는 역세권은 실패한 역세권이기 때문이다. 역세권 개발효과가 형편없다.

'가격'을 견지하기에 앞서 인구를 견지하는 습관이 필요하다. 가격만 큰 폭으로 오른다고 그 지역 역세권이 훌륭한 공간은 아닐 것이다. 가수요자의 강한 입김에 강한 거품이 만연하다면 큰일이다. 오판하는 개미들이 추후 큰 실망감과 좌절감에 휩싸일 수 있기 때문이다. 지상물만 잔뜩 들어서고 개발계획만 무성하고, 가수요세력만 득실거리는 역세권공간은 미래가치와 존재가치 모두가 형편없는 공간일 게 분명하다. 노인인구가 증가하는 공간과 가수요인구가 증가하는 공간의 공통점은, 투자가치를 넘볼 수 있는 상황이 아니라는 점이다. 개발의 입지 못지않게 눈여겨 볼 사안이다.

03. 직접역세권의 위력과 간접역세권의 매력

역세권이 직접역세권과 간접역세권으로 분화되는 바람에 역세권이 형성되는 지역에 큰 영향력을 행사할 수 있다. 지역 랜드 마크 역할을 담당한다. 직접역세권의 성격은 수도권의 성질과 흡사하고 간접역세권의 성격은 비수도권 성격과 매우 흡사하다. 직접역세권은 작은 규모지만 간접역세권은 광활할 수 있기 때문이다. 외려 간접역세권의 잠재성이 더 클 수도 있다. 거품가격과 무관하고 녹지공간을 힐링공간으로 응용할 수 있는 기회의 공간이 될 수 있기 때문이다. 기회의 땅은 다양하다. 매수자의 선택 폭이 넓다. 부동산은 미래를 견지할 수 있는 모토. 그 모토엔 접근성과 연계성이 상존한다. 공존한다. 직접역세권에 붙어 있는 건 간접역세권. 변할 수 없는 역세권구조다. 원래 원칙적으로는 직접역세권만 존속하는 역사는 없기 때문이다.

맹지에 붙어 있는 건 비맹지(예-주거지). 같은 이치로 수도권에 붙어 있는 건 비수도권지역인 것이다. 이는 마치 직접역세권이 수도권 역할을 담당하고 간접역세권이 비수도권 역할을 담당하는 셈이다. 수도권 넓이 대비 비수도권 넓이가 광대하고 직접역세권 반경 대비 간접역세권 넓이 역시 광대하기 때문이다. 희소가치의 차이다. 또 다른 차이점은 수도권과 비수도권은 모두 면적이 정해져 있는 상태지만 직접역세권 대비 간접역세권 반경은 정할 수 없다는 점이다. 변수가 만연하여 잠재성이 높다고 볼 수도 있다. 물론 나쁜 변수와 좋은 변수가 공존할 수 있다.

수도권의 특징 – 직접역세권과 간접역세권으로 구분할 수 있다는 것. 높은 인구밀도와 전철의 다양성 때문이다. 신도시지역과 구도심으로 나누기도 한다.

비수도권의 특징 – 도심 및 구도심으로 나뉘며 상황에 따라선 오지의 공간도 포함시킬 수 있다. 일부층이지만 수도권인구 중 오지를 힐링공간으로 여기는 경우도 있을 수 있기 때문이다.

수도권의 부동산은 두 얼굴을 가진 상태지만 비수도권은 세 가지 얼굴 형태를 유지할 수밖에 없다. 양적으로 중소도시가 수도권 대비 훨씬 많기 때문이다.

사람들이 투자처로 수도권을 설정하는 이유 – 수도권이라는 거대공간(서울, 경기, 인천)은 직접역세권과 간접역세권으로 나눌 수 있는 상황이기 때문이다. 역세권의 힘을 믿는 것이다.

04. 역세권지역과 비역세권지역

국토는 역세권지역과 비역세권지역으로 대별할 수 있다. 역세권지역의 특징과 비역세권지역의 특징이 다를 수밖에 없는 이유다. 역세권지역의 특징은 희소성이 높다는 것이고 비역세권지역의 특징은 희소성이 낮다는 것.

땅 투자 실패 안 하는 방법은 역세권에 투자하는 것이다. 단순하다. 간단하다. 땅 투자 성공확률 높이는 방법 역시 마찬가지. '역세권 투자'는 리스크 줄이는 방법이기도 하다.

역세권의 숨은 함정을 발견하는 건 역세권투자자의 과제이자 의무일 것이다. 역세권 변수 공부는 필수코스다. 역세권엔 숨은 함정이 있어서 하는 말이다. 단순히 '거리'에 집착하는 것보단 역시 주변정황을 살피는 일에 집중하는 게 훨씬 유리할 것이다. 거리와 상관없이 직접역세권과 간접역세권으로 대별되기 때문이다. 가령, 1번 출구와 2번 출구의 가치 차이가 심하다는 것이다. 거리가 같지만 그 성격이 다르다. 가치가 다르다. 1번 출구엔 아파트 등 새 주거시설이 대규모로 입성하여 가치가 변한 상황이지만 2번 출구는 변화가 하나도 없는 상태, 즉 기존 구옥 그대로 장기간 방치(불변상황)된 상태라면 역세권 모드가 달라지는(변신이 아닌 변절모드) 것이다. 역세권이라는 모토로 같은 거품가격에 매수했지만 어떤 사람은 큰 이익을 보고 다른 사람은 큰 낭패를 당하는 격. 거리와 상관없이 된통 크게 당하는 것이다.

간접역세권은 두 가지 모형으로 나뉜다.

1. 거리상으로는 직접역세권이나, 그 성향에 변함이 없다. 개발을 장기간 방치한 상태라서다. 한쪽만 개발한 것이다. 시간이 문제일 뿐 개발은 완료된다. 역세권의 특징이기도 하다.
2. 거리상 500미터 이상 동떨어진 지경. 그러나 반드시 간접역세권이 직접역세권보다 후퇴하는 건 아니다. 거품과 거리가 멀어 안정적인 가격으로 움직일 수 있다. 다만 직접역세권 범주와의 거리와 질적 가치에 집중하지 않으면 안 된다.

05. 여주선의 직접효과와 간접효력

경강선 일부구간인 여주선 개통 이후의 경제적 가치와 그 시너지효과는 얼마나 될까. 아직은 수치상으로는 뚜렷한 모습은 보이지 않는 것 같다. 그러나 미래가 어두운 건 아니다. 역사 수혜지역은 한정되어 있지만 말이다. 여주선의 직접역세권과 간접역세권의 장단점은 지극히 상식적이다. 신화적인 면이 전혀 없다고 보고 있기 때문이다.

직접효과의 일장일단 – 현장감이 높은 대신 거품을 의심할 수 있다. 그리고 여유 공간인 녹지공간이 부족한 경우가 있다.

간접효과에 관한 장단점 – 거품수준이 낮은 대신 낮은 현장감이 문제다. 여유 공간의 범주는 다양하고 넓은 편.

간접역세권은 직접역세권의 역할이나 역량에 따라 가치가 변할 수 있지만 직접역세권이 간접역세권의 영향을 받는 경우는 거의 없다. 다만 간접역세권에 각종 시설물이나 지상물이 입성하면서 직접역세권에 직접적인 영향력을 행사할 수 있다. 그러나 그런 경우의 수는 흔하지 않다.

곤지암역세권의 특징 – 현장감은 낮지만 인구증가현상이 일어나는 추세. 판교역 대비 거품이 낮은 상태라 서민이나 청년들 접근이 수월한 공간. 역사 인근지역에 도시형생활주택이 급증하고 있다. 공실률이 낮다. 가격수준이 낮아서다.

판교역세권의 특징 – 곤지암역과는 극과 극 대조를 이룬다. 현장감이 높고 인구수준도 높은 편이므로. 인근 분당 대비 인구가 점점 젊어지고 있다. 외국인노동자가 많은 곤지암역 일대와 대비된다. 판교역 인구와 곤지암역 인구는 질적 가치 차이가 심하다. 가격의 차이만큼 크다.

판교역 일대 주거시설 거품수준에 따라 곤지암역 주거시설의 역량과 미래가 달라질 수 있다. 판교역 거품수준이 매우 높아진다면 언제가 될지는 모르나 향후 젊은 동력들이 꿩(거품의 판교역세권) 대신 닭(착한 가격의 곤지암역세권)을 선택할 수도 있는 법. 시간이 문제일 뿐이다. 역세권은 무조건 개발한다는 의식처럼 말이다. 시간이 흐를수록 판교역 일대 거품수준은 상상을 초월할 게 분명하다. 고급인력의 급증과 무관치 않은 현상이다.

판교역 일대의 젊은 경제인구에게도 곤지암역 일대와 그 주변이 기회의 땅이 될 수도 있다고 본다.

곤지암역세권의 직접효과 – 주거시설 이용자에게 유리하다.

곤지암역세권의 간접효과 – 곤지암리조트와 곤지암역세권 사이를 '관광역세권'의 이미지를 구축하여 응용한다면 장기투자전선에 뛰어들 분들에게 적절하다고 본다.

곤지암 간접역세권 지역은 판교역세권의 젊은 노동력들에게 적정한 투자처가 될 수도 있다고 본다. 직주(職住)근접의 형태가 아닌 '직지'(職地)근접이 되는 셈이다.

역세권의 직접효과에 집착하기보단 역세권 역량이 큰 곳 인근의 거품 빠진 곳을 눈여겨 볼 필요도 있다. 역세권 직접효과에 관한 연구가 중요한 만큼 역세권 간접효과와 효력에 대해서도 지속적인 연구과정이 필요하다. 직접역세권의 거품에 신물을 느낀 개미투자자들에게 한 번 정도는 눈여겨 볼만한 공간이 간접역세권이다.

현실적으로 역세권 거리 기준이 존재하는가. 필자 생각엔 500미터 반경 기준은 무의미하다고 본다. 역세권 세력 범위가 변수에 의해 달라지는 판세다. 거리상 1km 그 이상으로 관철되는 경우의 수도 부지기수다. 이를 테면 역삼역과 선릉역, 선릉역과 삼성역 등지는 역세권 거리와 무관한 곳이다. 반면 500미터의 거리는커녕 존재가치마저 위협 받는 광경도 없는 건 아니다. 파주역이나 팔당역 일대가 그 좋은 실례다. 반쪽짜리 역사가 존재한다. 성숙되지 않은 가운데 성장과정을 반드시 밟아야 하는 과제를 안고 있는 미완성상태다. 아직은 말이다.

06. 직접역세권의 힘과 간접역세권의 힘

국토를 양분할 때 직접역세권과 간접역세권으로 접근하는 경우가 있는데 그만큼 한 지역에 미칠 수 있는 역세권의 영향력이 크다는 증거일 것이다. 직접역세권과 간접역세권의 힘의 차이는 크나, 접근방법에 따라 지경이 달라질 수도 있다. 직접역세권은 기준이 이미 정해져 있어 투명한 편이다. 가령 반경 500미터는 부동산의 진리(순리)와도 같다. 그러나 간접역세권의 기준은 정해진 바 없어 사람들이 임의로 정하는 경우가 많다. 마치 땅주인이 땅값을 임의로 정하는 양 말이다.

예) 1차 간접역세권 – 직접역세권과 접한 역세권
2차 간접역세권 – 직접역세권과 조금 떨어진 역세권
3차 간접역세권 – 직접역세권과 동떨어진 역세권

간접역세권을 세 부분으로 나눌 수 있는 이유는 간접역세권은 직접역세권 대비 거리와 범위가 다양하기 때문이다. 그러나 3차 이상은 존속할 수 없다. 역시 시발점이나 종착점이 아닌 곳엔 3차 이상이 필요하지 않다. 별 의미 없다. 3차 이상인 경우, 역과 역 사이, 즉 그 다음역과 근접할 수 있기 때문이다. 간접역세권이 아닌 그 다음의 직접역세권의 1차 간접역세권(직접역세권에 접한) 역할을 할 수 있을 것이다.

부동산은 선택사안과 필수사안으로 대별한다. 역세권투자가 필수사안에 해당되고 간접역세권의 투자형식은 선택사안에 해당될 것이다.

다만 착각하지 말아야 할 점은, 소형전철인 경전철의 영향력과 소형부동산의 영향력의 차이가 작지 않다는 점이다. 경전철 앞의 아파트가치와 일반전철 앞의 아파트가치를 같은 수준으로 인지할 수 없는 상황이라서다. 외형상, 형식적으로 전철규모와 부동산가치는 정비례할 수밖에 없다. 일반전철의 존재가치와 작은 부동산의 존재가치는 높을 수밖에 없다. 의정부 경전철의 존재성은 높다고 볼 수 없다. 현존하는 경전철 라이벌 관계선상에 놓여 있는, 인구규모가 큰 용인과 결과적으로 절대적으로 대비되기 때문에 하는 말. 100만 거대도시 용인의 숨어 있는 숨결(잠재력)을 표출한다. 경전철 역세권의 힘이 지금보다 훨씬 강화되기 위해선 서울의 우이신설경전철 역할이 중요하다. 모범(모델)이 되어야 할 것이기 때문.

경전철의 존재가치

1. 서울(특별시)
2. 용인(거대도시)

3. 의정부(약43만 명의 인구)

경강선의 존재가치

1. 성남시(예비거대도시) – 존재가치가 높다.

2. 광주시(약35만 명 수준)

3. 이천시(21만 명)

4. 여주시(11만 명 수준) – 존재가치가 낮다.

필자 생각엔 경전철을 일반전철수준과 동일하게 보는 건 좀 무리라 본다. 경전철 모양새와 속살이 마치 일반전철의 간접역세권으로 보여서 하는 말이다.

서울의 우이신설경전철의 영향력결과에 따라 앞으로 경전철이 들어설 김포, 파주 등에게도 적잖은 영향이 미칠 것이다(서울인구가 계속 감소세를 유지하는 가운데 말이다). 역세권의 힘은 여러 유형의 인구모습에서 발현하는 법. 주거인구를 비롯한 다양한 인구가 그 입지를, 영향력을 증명한다. 지역을 책임진다. 직접역세권은 물론이려니와, 1,2,3차 간접역세권역할도 매우 중요하다. 정밀한 분석만이 유일한 살길이다. 인구가 뒷받침 되지 않은 간접역세권의 힘은 미약하거나 미비할 수밖에 없다.

직접역세권의 거리는 정할 사안이 아니다. 부동산 분양광고 중 가장 많이 상용하는 건 역세권과의 거리일 것이다. 한결같은 역세권 광고에 단골메뉴로 등장하는 문구는 역과의 거리가 도보로 5분이라는 것. 가격의 극대화를 위해 5분을 강조한다. 그러나 역세권이 온전히 역과의 거리에 의해 가치가 작동하는 건 아니다. 직접역세권과 간접역세권의 차이점은 하나는 법정 반경 기준이 정해진 상태지만 하나는 직접역세권의 변수에 힘입어 역사 반경이 정해지는 것이다. 역세권거리보단 위치가 역시 중요하다. 역의 위치와 방향이 중요한 것이지 역과의 거리가 중요한 건 아니다.

위치가 방향을 낳고 방향이 위치를 반출한다. 상호보완관계이어야 한다. 역세권반경이 200~300미터이지만 역 역할을 제대로 이행할 수 없는 직무유기상태인 경우가 있기 때문이다.

직접역세권 위력이 약화된 지경에 놓인 경우라면 간접역세권이라는 말이 통용될 수 없다. 직접역세권의 존재감이 약한 상태에선 간접역세권의 빛은 무색하다. 그러나 역세권 풍선효과에 관한 기대감이 전무한 건 아니다. 직접역세권 거품에 따라 간접역세권의 간접효과를 무시할 수는 없으니까. 직접역세권과 간접역세권만 통용되는 건 아니다. 내 땅 인근의 지주들이 집단을 이뤄 개인적인 개발이 성사된다면 내 땅에도 간접적인 바람인 풍선효과가 나타날 수 있기 때문이다.

역세권을 통해 여러 색깔의 질적 가치를 바랄 수 있는 역세권 권한
엔 일조권, 입주권, 분양권, 조망권 등을 조성할 만한 가치가 있는데
삶의 질과 연관된 건 일조권과 조망권이요 돈의 질적 가치는 입주권
과 분양권에 한정되어 있다. 그러나 일조권이나 조망권 대비 입주권
과 분양권은 소멸되기 쉽다. 생명력이 떨어진다. 자연의 가치와 이치
가 돈의 성질을 압도하는 입장이므로.

직접역세권 거리가 500미터이지만 인구확보가 되지 않은 지경에
선 거리가 무색하다. 즉 직접역세권을 만드는 무기는 거리가 아니라
역시 위치인 것. 거리확보 대신 인구확보에 집중해야 한다. 위치는 접
근성을 적극 대변하는데 일등공신이다. 위치가 바탕화면이라면 인구
가 다양하게 분출할 것이다. 역세권 인구의 힘이 곧 인구 힘의 (가치평
가) 기준이 되는 것이다. 역세권의 위력은 접근성을 높일 수 있는 동력
이기 때문이다.

07. 역세권의 두 가지 이름

'역세권 형성'은 '지역 랜드 마크의 존재'를 의미할 수도 있다. 역

사가 형성되면서 랜드 마크가 생기기도 하고 지역 랜드 마크가 존재한 가운데에서 역사가 만들어지는 경우도 있을 수 있다. 그에 따라 역세권범위가 달라진다. 넓어지기도 한다. 역명을 두 가지로 상용하면서 벌어진 변수인 것. 지역이기주의가 팽배한 가운데 벌어진 어쩔 수 없는 변수인 것이다. 지역이름을 역명으로 사용 하느냐, 못하냐에 따라 지역 발전 속도와 가치 및 가격범위가 정해지니까 말이다.

보통 대학 인근의 역세권의 경우, 대학명을 반드시 삽입 + 기입해 사용하는 게 추세. 역세권이 젊어질 수 있어 역이 생기발랄할 수 있다. 역과의 거리와 상관없이 대규모 역사가 형성된다. 대학 길을 따라 상업 및 업무지구가 방대한 양으로 발전한 곳을 찾기란 그리 어렵지 않다. 특히 서울지역 내에서 말이다. 먹거리와 놀거리가 풍족하다. 우선 '젊음' 자체가 지역가치를 대변하여 유리하다. 즉 젊은 동력이 지역 랜드 마크가 될 수도 있는 것이다. 단순히 반드시 지상물이나 시설물, 상징물이 지역 랜드 마크가 되는 건 아닐 거다.

그렇지만 굳이 서울이 아니더라도 대학명을 역명에 삽입하여 상용하는 경우가 많다. 이를 테면 1호선 신창역은 순천향대역과 한국폴리텍대학으로도 상용하고 의왕역 역시 한국교통대학교로 상용하고 있다. 4호선 동작역의 경우는 현충원역으로도 불려 특수한 사례. 상업 및 업무지구와 동떨어진 모양새다. 여느 역세권과 달리 엄숙하고 조용한 분위기를 유지해야 한다. 엄숙모드다. 개성이 강한 역세권이다.

역세권범위는 시간이 흐르면서 자연스럽게 넓어질 수밖에 없다. 경우의 수는 찾으면 눈에 확 들어오는 곳이 의외로 많다. 이론적으로 역세권범위는 500미터 반경 내의 지역(역 중심으로 다양한 상업 및 업무활동이 가능한)으로 여길 수 있겠지만 환경, 입지상태에 따라 행정적 요소는 장식적일 수 있다. 곧이곧대로 적용되지 않는 경우가 많다는 뜻이다. 역세권엔 두 가지 이름이 상용되기 마련이다. 대학명과 같이 특수한 상황이 아니더라도 비공식적으로 불리는 역명이 있기 마련이다. 그것이 그 지역을 대변할 수 있는 랜드 마크다. 마치 사람의 아호처럼 쓰여 지는 이름이, 별칭이 따로 있을 수밖에 없다. 아호가 지역의 랜드 마크인 셈. 자신을 쉽게 알릴 수 있는 홍보의 기회가 역세권 내 랜드 마크인 것이다. 즉 지역 랜드 마크는 지역브랜드가치를 의미할 수도 있다. 그렇지만 지역의 랜드 마크가 흐지부지 사용되는 곳도 없지 않으니 역세권에 관한 지나친 환상만으로 접근하는 일은 있어선 안된다. 접근도의 범위가 지나치게 높을 뿐 다양한 인구가 눈에 보이지 않는 경우의 수를 생각하지 않을 수 없다.

변할 수 없는 신도시 모형과 역세권 모델 – 신도시 종류는 다양할 수 없으나 역세권 모델은 다양한 구도로 발현할 수밖에 없는 데(신도시

규모 대비 광활할 수 없고, 관광인구위주의 역사와 주거지 위주의 역사, 그리고 혼합형으로 대별되는 판국) 이는 신도시와 역세권의 큰 차이점이 아닐 수 없다. 도시형성 과정에서 은연 중 개발계획(역사모델)을 창궐할 수도 있다.

역사 앞의 모텔이나 사창가 중심으로 도시형성과정, 아니 지역 랜드 마크로 급변 + 급상승 하는 경우도 있다(백화점과 사창가가 조화를 이루고 있는 평택역과 수원역일대가 그 좋은 실례).

그러나 미니신도시(택지개발지구)가 아닌, 신도시(예-2기 신도시모형)라면 단순히 유흥시설이나 유해시설물이 입성하는 건 아니다. 이는 지역 대표물건, 상징물이 절대 될 수 없다. 신도시엔 상업 및 주거시설의 가치가 극대화되기 마련이기 때문이다. 가치에 가치를 더하는 구조다. 단 주거 중심의 신도시가 발현하는 게 정답에 근접한 일일 것이다. 주거인구가 기본 축을 이룰 때 유동인구들도 자연스럽게 형성되는 것이기 때문이다. 정정당당 할 수 있어 면목과 명목이 설 수 있는 법. 신도시는 결과물이다. 완성도가 높기 때문. 그러나 역사 형성은 언제나 과정 중이다. 완성의 일부분이다. 도로와 지상물의 차이다. 언제나 과정이라 역사는 완성도가 낮다. 잠재력이 높다는 의미로 해석하면 된다. 연장선에 대한 기대감이 증폭되어 역세권 힘이 큰 것이다. 잠재력의 화신이 곧 역세권개발에 대한 기대감이다. 포기하지 말고 묵묵히 기다리면 좋은 결과가 나타난다. 대신 분당신도시처럼 애초보다 면적이 확대재생산 되는 경우의 수는 극히 드문 지경이다. 인구팽창과 팽배과정에 따른 면적 확보과정을 밟는 경우가 드물어서 하는 말.

역세권 형성과 도시형성 중 어느 것이 더 우선이냐는 마치 닭이 먼저냐 달걀이 먼저냐 와 같은 논리다. 정답에 가까운 이론은 존재하지 않으나 필자 생각엔 신도시가 우선이지 않을까 싶다. 다만 인구형태를 보고 도시형성과정을 밟는 게 옳은 판단일 것이다. 지금은 전체적으로 고령인구는 급증세이나 전체인구가 급감세이므로. 더군다나 젊은 인구가 빠른 속도로 급감하고 있는 형국 아닌가. 결국 신도시가 형성되든 역사형성과정이 발현하든, 최우선적으로 역시 인구모드가 제대로 정립되지 않은 상황이라면 아무 소용없다. 소모전에 불과하다.

08. 역세권투자자가 반드시 인지할 부분

신도시와 택지개발지구, 그리고 역세권개발지역이 투자의 성공열쇠를 쥐고 있는 걸까. 성공의 보증수표일까. 난개발과 공급과잉시대에 들어선 상황에서 투자자가 심사숙고할 부분이다. 특히 역세권개발예정지역에 들어갈 때는 그 효과에 집중하지 않으면 안 된다. 역세권 개발예정지역에 투자 할 때 몇 가지 눈여겨 볼 사안이 있다.

1. **인구밀도와 그 동향파악** – 유동인구도 중요하겠지만 고정 및 주거인구의 밀도를 무시하면 안 된다. 맨 땅 위에 역사를 개방하는 식의 개발은 막아야 한다.

2. **역세권역할과 그 효력을 따진다.** 역사가 개발되었지만 생각과 달리 악성 변수가 자주 등장하면 곤란하다.

3. **역사의 중요성보단 필요성에 집중한다.** 그게 안전하다. 지역입장에선 위정자 공약사업, 혹은 지자체 치적사업으로 인지할 경우 무조건 역사의 중요성을 자주 강조할 것이다. 그러나 모든 개발은 어느 한 사람의 치적사업으로 진행되어선 안 된다. 반드시 대다수 민의를 반영한 개발이 되어야 한다. 주민들을 위한 주민 위주로 개발을 진행하면 안전하다. 후회가 없을 것이다. 고정 및 주거인구는 물론이려니와, 관광 유동인구까지 발 역할을 톡톡히 해야 한다.

4. **거품가격 여부 파악** – 개발효과 및 범위에 비해 가격이 지나치게 비싸다면 아예 관심조차 안 두는 게 상책.

5. 악덕기획부동산의 접근여부파악 — 개발 및 가격거품의 온상을 만드는 집단이 있는지 잘 알아보라.

역세권을 비롯한 모든 개발은 가격과 개발 안정세에 집중해야 하는데 우선적으로 개발이 안정세라면 가격 또한 그 자세를 유지할 수 있다. 개발계획이 안정적이라면 가격 역시 안정세를 유지할 수 있지만 개발계획이 지나치게 크거나 화려한 장식으로 치장되어 사치스럽다는 이미지가 강하게 든다면 가격이 불안정적일 수밖에 없다. 급등과 폭등세가 지나치다 보면 거품가격을 동반하기 마련이다. 지역 능력 크기 대비 역세권 개발면적이 지나치게 크다면 거품가격에 크게 노출될 것이다. 가성비(기능 대비 가격정도)에 대해 제대로 인식할 필요 있다. 부동산의 가성비는 부동산의 희소가치와 정비례하기 때문이다. 가성비가 낮은 부동산은 희소가치가 낮다. 거래량이 적어 환금성이 낮다.

09. 역세권투자와 조망권투자

투자할 만한 곳이 많은 것 같으나 실상은 딴판이다. 역세권 투자가치가 여전히 높아서다. 돈 가치 높은 역사는 그다지 많지 않다. 역사(역세권)의 역사(나이)가 깊지만 여전히 신분상승 못하는 역세권도 적지 않다. 역세권 중에서도 선별과정과 그 조건이 따른다. 변별력이라는 조건에 집중(부합)하지 않으면 안 된다. 역사의 잠재력 수준이 다 같은 경우는 없을 테니까. 여전히 역사주변 땅이 자연녹지지역 및 그린벨트상태로 묶인 경우가 태반이다.

자연을 보전하는 역사 모습에 기존 투자자의 가슴은 찢어진다. 진보하고 싶은데 해당지자체의 저력이 약하다. 그러나 살길이, 기회의 길이 전혀 없는 건 아니다. 역세권투자만 있는 게 아니라서다. 조망권투자도 있다. 조망권투자와 역세권투자는 각기 자연의 습성과 역사의 숨결에 투자하는 것. 대자연의 존재성과 역세권의 존재성이 워낙 광대하기 때문에 가능한 일이다.

역세권과 조망권 사이에서 기회의 땅이 발견된다.

기획여정 중에 희망을 발견한 것이다. 역사의 강점과 조망권의 강점을 집대성하면 큰 가치를 바랄 수 있을 것이다. 더 큰 기회가 찾아올 수 있다.

조망권과 역세권의 공통점 – 성격이 비슷할 수 있다는 점이다. 너무 가까이 있으면 위험에 크게 노출될 수 있기 때문이다. 내 부동산이 조망권과 가깝다면 홍수나 산사태 등에 크게 노출될 수 있고 역세권과 가깝다면 전철소음과 먼지 등에 크게 노출될 수 있다. 접근성의 정도는 상황에 따라 정하는 것이다. 내 건강에 문제가 발생할 수도 있기 때문이다. 삶의 질이 떨어져 삶의 회의를 느낄만하다. 조망권과의 접근성과 역세권의 접근성은 그 의미가 상이하다. 역세권 사용설명서와 조망권(대자연) 사용설명서의 기준을 분석할 필요 있다.

경춘선 일부구간과 경의중앙선 일부구간에서의 조망권과 역세권은 공존한다. 공생, 상생 중이다. 실수요가치만 지배 받는 게 불만이다. 유동인구에 일방적으로 지배 받는 모양새다. 주거인구의 위세가 약하다. 경춘선 일부구간에서 느낄만한 건, 조망권 위세가 외려 역세권보다 더 클 수 있다는 것이다. 대자연의 위세에 역사가 눌린 기분이다. 역세권과 조망권을 눈여겨보는 건 둘 다 삶의 편익성이 높기 때문일 것이다. 교통 사용이 용이하다는 점과 자연 이용이 용이한 점은 특별한 점이다. 희소성을 기대할 수 있는 대목. 그러나 물리적 피해+재해에 유념할 필요 있다. 하나를 얻으려다 또 다른 큰 것을 잃을 수도 있다. 경의중앙 및 경춘선 일대에 문제점이 있다. 젊은 인력이 그 능력을 맘껏 발휘, 발산 할 수 있는 공간이 부족하다.

역세권 프리미엄가치와 조망권 프리미엄가치를 저울질하기에 앞서 물리적 위험과 위해 요소는 없는지 자세히 살필 필요 있다. 조망권 따지다가 물귀신 될 수도 있지 않은가. 사람 얼굴과 목소리가 반드시 정비례 하는 건 아니다. 여성 성우 대부분은 못 생겼다. 사람 얼굴과 목소리가 비례하지 않은 것처럼 땅의 얼굴 역시 미래가치와 반드시 정비례하지 않는다. 여기서 말하는 땅의 얼굴이란, 용도 및 지목을, 그리고 현장감을 강조하는 것인데 현장감은, 역사현장과 대자연의 자태인 것이다. 지금 당장 역세권과 조망권을 보고 미래의 구도를 그릴 수는 없다. 그러나 앞으로 발현할 역세권의 특징은 기존 서울특별시 역사와는 다르다. 경기지역과 그 외곽지역에 역사가 형성될 게 분명하므로. 조망권과 역세권은 별개사안으로 보면 위험할 수도 있다는 것이다. 앞으로 서해안복선전철의 역사가 새 역사를 쓸 것이다. 조망권과 역세권을 함께 조율할 수 있는 여유 공간이 바로 서해선이었으면 좋겠다. 역세권에서 마음의 여유를 찾기보단 조망권에서 마음의 여유를 찾기가 더 쉽지 않을까 싶어서 하는 말이다. 역세권반경은 500미터이지만 조망권반경은 없다.

10. 역세권 땅의 세 가지 유형

역세권 개발효과가 모두 만족도가 높을 수는 없다. 그 성과의 차이는 개인적으로 조절해야 한다. 개중엔 판단미스를 하는 경우도 있다.

역사를 필요로 하는 요건은 총 두 가지로 관철된다. 인구(경제력을 동반한 젊은 인구)와 위치(입지)에 지배 받는다. 역과의 거리가 곧 인구와 위치의 지배를 받는 것. 무조건적으로 위치(접근성)와 인구가 정비례하지는 않기 때문. 지금은 전원생활을 원하는 인구도 접근성을 몹시 따지는 입장이다. 이런 면에서 역세권유형을 크게 세 가지로 나눌 수 있다고 본다.

1. 유동인구 의존도가 높은 역사건설 – 관광역세권 모형(대자연을 모토로 개발한 역사)으로 변수가 적은 편이다. 국내 관광객 유치에 심혈을 기울이되 세계인 상대로 관광사업 할 수 있는 역량이 필요하다.

2. 고정인구의 영향력이 큰 역사 건설 – 고용창출의 효과가 커 지역경제력에 이바지할 만한 역사다. 예컨대 공업단지 주변의 역사(경제신도시, 당진일대의 산업동력에 기대하는 입장)를 말한다.

3. 유동 및 고정인구 역할이 지대한 역사 건설 – 투자가치가 높은 경우라 다양한 인구의 유입을 기대할 수 있다. 예컨대 화성향남역사 건설현장이 그에 해당할 수 있다.

이외에 (다양한) 주거인구의 힘을 활용한 역사건설도 포함된다.

직접역세권과 간접역세권이 역세권을 적극 대변하나, 큰 부동산의 입성이 가능한 역사와 작은 부동산만 들어설 수 있는 상황의 역사가 공존한다. 역세권 내 용도변경은 땅 팔자와 지주 팔자를 바꿔 놓는 강력한 경제력을 지녔다. 권력을 지녔다. 하나, 큰 부동산보다 작은 부동산의 가치가 더 높은 경우도 없는 건 아니다.

큰 부동산보다 작은 부동산의 가치가 더 높을 때 – 역과의 거리가 1km인 30층 건물 가치와 역과의 거리가 불과 100미터인 10층 건물 가치의 차이는 크다. 물론 30층 건물이 역과의 거리가 100미터라면 금상첨화이겠지만 말이다. 체격(용적률)보단 체력(잠재력과 활용도)이 더 중요한 것처럼 하드웨어에 접근하느니 차라리 소프트웨어상태에 전념하는 편이 낫다고 본다. 용적률 크기보단 용적률 활용도가 더 중요하다는 것이다. 크기보단 활용도에 전념할 때다. 개발면적보단 개발의 타당성과 합리성에 전념할 때다. 큰 아파트보단 작은 아파트가 더 잘 팔린다. 규모 대비 실용성에 신경 많이 쓰는 눈치다. 역사의 다양성은 건물 크기보단 인구 크기에서 발현한다. 더 나아가 질적 가치 높은 인구에 지배 받는다. 순리다. 역사유형에 따라 인구가 반출된다. 생성된다.

노인인구와 산업인구(취업인구와는 다른 차원), 기생인구, 노인인구(장수시대, 노동인구 중 노인인구가 급증세), 귀촌인구(반퇴인구 등), 귀농인구…

인구의 색 – 새로운 지방색을 만드는 재료(소프트웨어)

지역특산물, 문화재 등이 지방색을 적극 대변하는 건 아니다. 인구 대비 하드웨어에 불과할 수 있으므로. 역사유형에 따라 인구 색이 달라진다. 새로운 지방색을 일군다.

• **땅 투자 선정기준** – 땅 투자지역을 선정하는 기준은 다양하다. 선점과는 다르다. 선정과 선점의 차이는 크다. 선정은 노하우나 성질의 의미가 강하나, 선점은 정보(속보)가 도구일 수 있기 때문이다. 선정기준은 있으나 선점기준은 없다. 선점은 시간과의 치열한 전투이므로. 상대적으로 선정은 수월하다. 시간에 크게 구애 받을 필요 없다.

투자를 할 때의 선정기준

1. 지역브랜드가치(절대적이지 않으나 전면 무시할 수는 없다).
   예) 경기도 용인(수도권 대표 거대도시이기 때문에 이 지역을 투자 지역으로 선정할 수 있는 법).
2. 화려하고 거대한 개발조감도.
   예) 대규모 관광단지조성(개발기간이 길다는 단점만 커버할 수 있다면

유리할 수 있다)

3. 높은 수준의 거래량 유지.

4. 젊은 인구의 증가.

5. 낮은 거품수준 유지.

6. 기획부동산과 지역부동산의 움직임(반경).

7. 위정자 역할(역량)이 중요하다. 지자체단체장의 공약의 정당성(현실성)을 감지한다.

8. 역세권 유무관계와 유지능력, 그리고 능력범위.

범민이 땅 투자지역을 선점하기란 현실적으로 불가능하다. 자신만의 부동산철학이 필요한 이유다. 땅 투자지역을 선점할 수 있는 자는 극소수다. 권력자와 금력자 모두가 이에 해당하기 때문이다. 권력자와 금력자는 서로 정비례한다.

선점자는 극소수지만 선정자는 대다수. 선정자는 선점자의 발자취와 그때 들리는 소리(길)를 따라간다.

한발 늦은 개발정보를 따른다. 예컨대 신문기사를 통해 개발 정보를 입수한다. 하수가 투자지역을 선점하는 기준과 고수의 투자기준은 상이하다. 하수는 화려한 개발계획에 의해 움직이지만 고수는 실현가능성인 잠재성에 의존하기 때문이다.

11. 서해안(시대의) 전철시대 개막을 고대한다.

서해안시대의 완성도와 완숙도를 높이기 위해선 오는 2020년 완공을 목표로 지금 한창 공사 중인 서해선 일대 변화의 바람이 제대로 이 땅에 정착되어야 할 것이다. 서해선 개발효과가 크다면 추후 전라선까지 그 영역을 넓혀나갈 수도 있기 때문이다. 100% 완벽한 국토균형발전이란 있을 수 없지만 서해선의 존재가치만은 지금보다 훨씬 상승구도를 그릴 게 분명하다. 역 효과가 단순히 서해라인에 머물 게 아니다. 출발점 화성이 예비거대도시 중 하나인 안산 밑에 있지 않은가. 화성은 '작은 수원'이지만 안산의 지역라이벌이기도 하다. 안산은 배곧신도시가 있는 시흥 바로 밑에 자리 잡고 시흥은 인천광역시와 광명시와 직접 연계되기 때문에 추후 서울특별시의 고정인구가 대규모로 서해라인으로 흡수될 수도 있다고 본다. 이런 시나리오의 현실화가 비교적 빠르게 전개된다면 서울특별시는 봉황새에서 닭으로 변하고 안산, 시흥, 화성 등은 봉황새로 전격 등극할 지도 모를 일. 분명한 사실은 서울의 위상이 점차 낮아질 수 있다는 것이다. 서울특별시 수준에서 서울광역시 수준으로 전락할 수도 있다. 집값거품이 지속되는 한 말이다. 서해라인의 변화에 대한 기대감이 증폭되는 이유다.

서해안전철라인의 성공에 앞서 먼저 개통한 경강선은 향후 서해선과 그 힘을 합할 예정이다. 두 라인이 서로 형제와 견제관계를 정립했을 때 비로소 서해안시대 위상이 제대로 자리 잡을 수 있다고 본다. 수도권전철은 인구와 더불어, 다양하고 복잡다단한 입장. 경강선의 진보가 필요한 이유다. 경강선 일부구간인 여주선 판교신도시에서부터 서해선 홍성 내포신도시까지 모두가 소중한 구간이다. 서해라인 중 송산역은 개발제한구역이 많으나 대규모 관광단지조성에 그 힘을 얻고 있다. 향남역은 환승역사로 조성할 예정이다. 고정인구와 주거인구가 동시에 증가하는 이유다. 가격높이가 높은 데도 여전히 투자자가 증가하고 있다. 송산 대비 단기투자처로 각광 받는 이유다. 뉴타운의 거점인 화성시청역 일대는 관리 대상이다. 괄목상대다. 용도부터가 타 노선과 다르다. 난개발방지를 위한 단기규제가 시급한 지경이니 말이다.

서해선 투자자의 우문은 지금도 멈출 수 없다. 멈추기 싫은 개발청사진(서해선공사)의 진행 상황처럼 말이다. 송산이 좋냐, 향남이 더 좋냐, 궁금증이 많다. 그러나 화성시청역은 투자공간이라기 보단 실활용공간으로 선용하는 게 낫다고 본다. 당진 합덕역도 향남역 대비 현장감은 비교적 떨어지나, 그 미래상에 의심할 필요 없다. 역사 개통이후 당진인구의 일대변화가 일어날 수 있을 테니까. 홍성역은 기존선. 향남역처럼 갈아타는 공간이다. 기대감이 높다. 아산 인주나 평택

안중역사도 매한가지 입장. 특히 평택에 투자(자)가 집중 몰리는 이유는, 경제신도시라는 표상이 강해서일 거다. 화성, 아산, 평택 등은 이미 수도권전철라인이 가동 중이다. 열손가락 물어 아프지 않을 손가락 있는가. 일곱 개의 손가락 물어 아프지 않은 곳 없다. 여기서 강조하는 일곱 개 손가락은 서해선에 입성하게 될 전철역사의 수다. 분명한 건 서해라인 중 가장 좋은 투자처가 어디냐는 질문은 확실히 우문이라는 사실이다.

the power of power

Chapter

03

·

수도권의 존재성과
힐링역세권의 지속성

03

수도권의 존재성과 힐링역세권의 지속성

01. 수도권 신도시 역세권의 특성

신도시 특징과 역세권 특징, 그리고 수도권 특징과 비수도권 특징만 잘 인지하고 있다면 투자의 행로가 안전구도로 흐를 수 있다. 성공한 신도시 특징 중 하나는 광대한 교통망과 꾸준한 인구수, 그리고 그에 따른 가치 상승이다. 당연히 가격엔 거품바람이 인정될 것이다. 그렇다면 성공한 역세권의 특징은 무엇일까. 아쉽게도 역세권에 반드시 신도시가 입성하는 건 아니다. 신도시가 입성한 역사야 말로 최고가치(의 역사수준)일 것이다. 다만 택지개발지구(미니신도시) 내 역사는 신도시보단 역세권효력이 크지 않을 거다. 관광지에 들어선 전철 또한 그다지 역사효과는 크지 않다. 들쭉날쭉한 유동인구 때문이다. 계절적인 영향이 큰 편이다. 계절별로 성향이 상이하다. 겨울철엔 스키족이, 봄가을엔 골프족이, 그리고 여름철엔 피서객이 집중 몰리는 바람에 강한 개별성을 지니고 있다. 개성 있다. 마치 전량 개성 있는 지역인 양 말이다. 인구에 따른 변화 구도를 그렸을 뿐인데 말이다. 전원주택단지 인근 전철 역시 마찬가지의 입장이다. 역사효과가 크지 않아서다. 다만 단순하게 주거인구가 입성하여 유동인구가 들어오는 관광역사와는 그 성질이 좀 상이하다. 전용주거지역(1, 2종)의 역사효과도 기대와 다른 방향으로 갈 수 있다. 노인인구가 노동인구인 15~64세 인구보단 활동영역이 제한되기 마련 아니랴.

수도권의 특징 중 하나는, 다양한 인구구도와 꾸준한 증가속도의 보지일 것이다. 기대감을 배신하지 않는다. 서울이야 감소세지만 인천과 경기도일대 인구구조는 강세다. 증가세다. 인천은 전국에서 울산광역시와 더불어 가장 광활한 면적을 자랑하는 곳이다. 서로 1,2위를 각축 중이다. 반면 비수도권의 특성은 수도권 모형과 반대다. 유동 및 이동인구가 다양한 편이다. 곳곳에 악산지대와 관광지가 폭넓게 분포되어 있기 때문이다. 문제는 관광지대가 관심도와 집중도가 높은 공간과 집중도가 낮은 공간으로 분화된다는 점이다. 쇠락과 소외에서 쉽게 탈피할 수 없는 것이다. 결국 인구의 질과 양이 지역발전의 모토, 잣대가 되는 것이다. 젊은 노동인구가, 다양한 주거인구와 고정인구가 지역발전에 방대한 효력을 발산할 수 있는 것이다.

텅 빈 신도시는 존재하지 않는다. 생각과 다른 모드로 인구가 유입하는 미니신도시는 있을지언정 말이다. 역세권 역시 고정 및 주거인구가 다양하고 젊은 인구가 꾸준히 증가하는 상태라면 금상첨화일 것이다. 수도권 신도시와 비수도권신도시의 편차는 지극히 편파적이다. 공정할 수 없다. 마치 강남북의 격차인 양 너무 크게 벌어져 있다. 공통점을 모색하기 힘든 상태일 정도로 차이점이 크다.

그러나 수도권역사는 다르다. 수도권전철노선도를 보면 역사다운 면모를 보이지 못하는 경우도 있기 때문이다. 수도권 역사와 수도권 신도시의 차이가 클 수 있는 이유다. 그렇다고 비수도권지역에 발현하는 역세권 및 신도시, 미니신도시 효과가 무조건 저조하다는 말은 아니다. 역사에 대한 변수는 그 누구도 예상할 수 없는 지경이므로. 거대한 수익률 역시 그 누구도 예상할 수 없다. 역세권반경과 직접역세권을 쉽게 정할 수 없는 것처럼 수익률도 정해진 바 없다.

02. 역세권 미래의 빛과 그림자

이 세상이 빛과 그림자로 구성되어 있는 것처럼 역세권 공간도 그렇다. 역세권 안에 빛만 있는 건 아닐 거다. 빛의 움직임과 그 속도도 관철 대상.

그러나 역세권의 투자가치를 의심하는 사람은 많지 않다. 신도시 투자가치가 높기 때문이다. 접근성과 거리의 차이가 날뿐 수도권 신도시 안엔 반드시 역이 들어선다. 마치 규칙과 같아 이를 어기는 경우는 없다. 역세권과 신도시는 서로 바늘과 실 관계인 것이다. 서로 관련 깊다. 그러나 1기(분당 및 일산신도시) 대비 2기 신도시의 위상이 기대와 달라 신도시 특성과 명성을 되찾는 데 지대한 노력을 경주할 필요 있다. 신도시 역시 택지개발지구(미니신도시)처럼 난개발 온상이다. 신도시 내 미분양아파트단지는 지역애물단지이다. 경기도 화성시 동탄2기 신도시의 위상은 1기보단 낮다고 볼 수 있다. 위력이 낮다. 애초 기대치와 목표치를 너무 크게 높게 잡아서 일거다. 미분양냄새만 없다면 큰일 없을 텐데 거품이 문제다. 형만 한 아우 없는 법. 아무래도 1기보다 생활편익시설물이 태부족일 수밖에. 삶의 질과 그 만족도가 1기 대비 낮다. 성장과정에 놓여 있기 때문이다. 자라는 새싹의 성장구도를 막을 수 없다.

역세권 형성과정이 모두가 그 색깔이 현명한 건 아니다. 투자기간이 긴 경우가 있을 수 있기 때문이다. 입지가 문제가 되는 것. 입지(자연환경)분석이 필요한 이유다. 입지가 곧 시간을 산출, 분출한다. 좋은 입지의 상황이라면 투자기간이 짧아질 수밖에 없다.

차제에 개인적으로 역세권 분류법을 공부하는데 온몸을 집중할 필요 있다.

1. 성공한 역세권과 실패사슬에 묶일 것만 같은 역세권.
2. 직접역세권과 간접역세권의 기준 정립하기.
3. 환승역세권과 '비환승역사' 와의 차별화 기준.
4. 인구증가 하는 역세권과 그 반대, 혹은 인구증감현상이 발생할 수 없는 지루한 구조의 역세권.

1의 기준은 4일 것이다. 성공한 역세권은 투자자가 증가할 수 있는 강력한 모토다. 관심도가 높다. 인구가 증가하면서 각종 편익시설물이 증가할 수 있기 때문이다. 주거 및 상업시설물의 미분양과 공실률이 낮다. 역세권도 실수요공간과 투자공간으로 대별한다. 대변한다. 실수요가치는 투자가치와 정비례, 맥을 함께 한다. 실수요자는 주거 및 고정인구이기 때문이다.

실수요 공간 – 삶의 질에 신경 쓸 수 있는 여유 공간

투자 공간 – 인구증가현상에 지배 받는 공간이다. 인구의 다양성에 지배 받는다. 인구가 감소하면 투자자의 혈압은 상승한다. 건강이 나빠질 수도 있다. 힐링시대에 어울리지 않는 광경이다. 인구가 감소하면 가격이 떨어지기 마련이라 투자자는 늘 가격의 노예생활을 하게 된다. 인구 및 돈의 노예생활을 하는 것이다.

인구증가현상은 각종 편익시설물증가의 강한 연유다. 일부 땅 가치가 높아질 게 분명하다. 대상지가 비교적 넓은 편이다. 다만 아파트 가치는 다르다. 한정되어 있어서다. 판교역세권 위상이 그 대표적 실례가 될 것이다. 진보적인 속도로 질주 중인 판교지역은 제2의 강남이라 해도 손색없을 정도로 희소가치가 높은 공간이다. 강남3구 중 하나인 송파지역 땅값수준과 거의 같다. 역세권의 미래는 다양하거나 단순할 수 있다. 이중성을 띠고 있어서다. 구체적일 수 있지만 거시적이다. 잠재력이 높기 때문일 것이다. 역사발전은 신도시나 택지개발 지구의 미래와 순행한다. 맥을 함께 한다. 결국, 신도시 입지와 미니신도시 입지상황, 그리고 도로의 상황 등에 의해 역세권 전도(全圖)를 그리지 않으면 안 될 것이다. 개발청사진 안엔 반드시 인구를 필요로 하는 신도시 입성이 필수사안. 필수불가결이다.

높은 공실률과 미분양률은 투자가치를 떨어뜨려 실수요 겸 투자자

접근을 방해한다. 마치 오지의 입지지경인 양 말이다. 오지는 관광 및 유동인구에 의해 존재성을 재확인한다. 인정받는다. 오지에 역이 입성한다면 여러 변수가 발생할 것이다. 개별적으로 여러 방향으로 재해석할 수 있다. 유동인구에 일방적으로 지배 받는 등 역사 구조가 전면 개편 될 것이다. 재인식하지 않으면 안 된다.

역세권 미래구조는 인구의 구조인 것이다. 인구지경이 편향적이라면 미래가치가 높지 않은 역사가 형성될 것이다. 그렇다고 관광인구를 전면 무시하라는 말은 아니다. 이참에 강원도와 제주도의 지역특성을 반드시 견지할 필요 있는 것이다. 깊고 강한 고착관념은 개성을 무너뜨려 진보적일 수 없기 때문이다. 출신대학으로 사람 평가하면 안 되듯 경기도와 비경기도로 투자가치를 함부로 평가하는 일은 절대 있어선 안 되겠다.

03. 역세권과 수도권, 그리고 거품증상

역세권 하면 무엇부터 떠오르나? 수도권 하면 무엇부터 연상할 수 있는가? 역세권 하면 수도권이 떠오르고 수도권 하면 역세권부터 연상할 수 있지 않을까 싶다. 그만큼 수도권의 역세권효과에 대한 기대감은 큰 것이다. 역사에 관한 기대효과가 거대하며 역세권의 수도권 힘은 크기 때문이다. 수도권 효과는 역세권에서 발현하고(접근성의 중요성) 역세권효과는 수도권에서 그 힘은 배가가 될 것이다(위치의 중요성과 중대함).

역세권과 수도권의 가장 큰 문제점은, 거품이 심할 수밖에 없다는 것이다. 그 거품 힘을 막을 길 없다. 인위적으로 생긴 거품을 인위적으로 막을 수 없다. 거품현상은 앞 이야기(헛소문과 뜬소문)보단 뒷이야기(언론에서 말하는 여러 가지 목소리)가 풍성(무성)하여 발현. 앞뒤가 안 맞는다. 뒷말이 무성하여 거품의 힘은 가일층 커진다. 땅값이 뛰면 폭등세를 유지한다. 이는 거품의 증폭을 의미한다. 그러나 차분히 속등하면, 즉 조금씩 오르는 게 유리하다. 정도(정석)이다. 이럴 땐 거품증상이 일어나지 않기 때문이다.

부동산 매수과정은, 가치를 매수하는 과정이다.

투자자는 미래가치를 견지하는 사람(거품에 주의할 필요 있다. 거품현상은 가수요자들이 만들기 때문. 실수요자가 만들지 못한다. 실거래가가 거품은 아닐 테니까)이다. 실수요자는 현재의 활용가치를 중요시 여기는 자이다.

100% 완전한 부동산이 부동산의 정도는 아닐 것이다. 정도가 곧 정답이 아닌 것처럼 말이다. 불완전한 부동산 중 한 가지를 뽑자면,

대형거품의 주입일 것이다. 태풍의 눈(대형거품의 바람에 의해 생긴 놀란 눈초리)은 힘 있고 무섭다. 박력이 넘친다. 두려움의 대상이라 피해자 속출도 우려된다. 영적인 부동산과 병적인 부동산 중 후자는 거품에 깊이 관여한 케이스. 거품에 깊게 찌든 부동산이다. 전자의 경우는 생명력의 증대를 의미할 것이다. 위험한 땅은 마치 잠자는 숲속(예-오지 속)의 요정처럼 숙면상태의 땅을 말한다.

잠자는 사람은 공격에, 위험에, 위해에 크게 노출된 상태이기 때문이다. 여기서 말하는 공격자는 사람을 의미한다. 결코 물리적인 힘은 아닐 것이다. 즉 자연은 아니라는 말이다. 위험한 땅이란 물리적 위험보단 행정적 + 경제적인 면을 강조하는 것이다. 행정적인 위험을 말한다. 행정적 + 경제적 사안은 육안으로 도통 볼 수 없는 지경. 그래서 더 위험한 것이다. 즉 비록 물리적으로 위험한 땅일지라도 행정이 보호+관찰+관철 하는 입장이라면 희망적인 땅이다. 잠재력은 법률과 여러 약속을 보지 + 유지할 수 있는 힘이다. 겉과 속이 다른, 이중성이 농후한 게 땅 아닌가.

지상물은 겉과 속이 같다. 가령 개별공시지가와 실거래가가 거의 동일하다는 것이다. 이해도가 높다. 그러나 땅의 상황은 어떤가. 개별공시지가와 거래가 차이에서 하늘과 땅의 차이를 느낄 수 있어 이해도가 떨어진다. 개발청사진과 현장모습이 절대 같지 않은 것처럼 제도권의 가격과 그 밖의 가격에서 큰 차이점이 바로 땅의 모순점 중 하나가 아닐까 싶다.

지상물은 현재모형이나, 땅은 미래모델. 입으로 미래를 응용, 악용하는 과정 속에서 거품의 속성이 크게 노출되고 만다. 단순히 사람 인상을 보고 속(인간성)을 감지, 견지할 수 없는 것처럼 부동산 역시 얼굴이나 외모로 부동산의 모든 걸 판단+인지할 수는 없다. 얼굴은 그저 거품에 불과할 수도 있지 않은가. 여성의 얼굴과 생식기가 반비례한다는 속설이 있으나, 이는 절대적인 건 아닐 거다. 예외사안은 반드시 일어나는 법이니까. 세상이치다. 이런 면이 부동산과 같은 면일 것이다. 개인적으로 강한 고착관념을 버릴 필요 있다.

04. 전원도시의 길라잡이와 신분당선 역할

부동산마니아들이 견지할 점 중 하나가 바로 전원생활과 도시생활의 차이점일 것이다. 생산가능인구가 감소하고 고령화속도가 빨라지고 있기 때문에 하는 말이다. 아이인구 대비 노인인구가 10% 이상 더 많은 지경. 그 격차가 점점 벌어질 것이다. 서울특별시 초등학교 중 30여 곳이 '소형초등학교'이다. 존재가치가 낮아지고 희소가치만 높아지는 지경이다. 서울이 고향인 젊은 동력들이 인근 경기도로 대거 이동하고 있기 때문이다. 전원생활과 도시생활의 차이점은 크나, (각기 강점을 취합하여 형성된) 전원도시를 모색할 수 있는 능력이 있다면 그 격차를 쉽게 해결할 수 있을 것이다.

전원생활과 도시생활의 차이점 - '접근성의 차이'

1. 전원생활의 강점 - 대자연과의 높은 접근성(생명력과 지속력이 높고 잠재력마저도 높은 지경. 분위기에 따라선 인구의 다양성을 기대할 수도 있기 때문이다. 즉 경제력과 잠재력 가치가 정비례할 수 있다. 도시생활을 청산하고 전원생활을 꿈꾸는 인구가 매년 증가세이므로. 소강세는 일시적으로 일어날 수 있지만 귀농 및 귀촌인구가 감소하는 경우는 없을 것이다)

2. 도시생활의 강점 - 대도시와의 높은 접근성과 인구의 다양성
1+2=편익 공간(다만 1은 힐링공간으로 응용 가능)

신분당선의 역할이 점차 높아질 것이다.
'서울 강남 + 경기 용인 + 수원 + 성남' 등의 활용도가 높아질 게 분명하므로.

강남지역은 부동산기준의 바로미터 역할을 수행하고 있고 용인과

수원역할 역시 분명하다. 대한민국 4대 100만 거대도시 중 하나 아닌가. 존재성이 높다.

성남은 예비거대도시 중 한 곳. 판교 존재역할이 대단하다. 단단하다. 젊은 동력이 대거 입성하는 바람에 입지의 진화속도가 대단히 **빠**르다. 지역연계의 가능성이 높다. 광교신도시와 분당신도시, 판교신도시, 용인 역할은 크고 넓다. 이들의 연대감은 높다. 서로 융합+융화할 수 있는 거리에 존속하는 상황이므로.

경기도 대표 전원도시 - 용인 등(자연의 희소가치가 비수도권 대비 높은 상황이므로+수도권 3대 거대도시의 '영험력' 때문)

작금은 난개발과 악성 미분양시대이자 실용성과 다양성이 화두인 시대이기도 하다. 국가적으로 소형부동산의 인기는 계속 높아질 것이다. 개인적으로는 도시의 강점과 시골의 강점을 면밀히 검토할 필요 있다.(도시와 자연의) 접근성이 높다는 점을 발견하는 게 중차대한 일일 것이다. 자연과의 접근성과 도시와의 접근성을 분류, 대별할 수 있는 변별력이 긴요한 까닭이리라.

'단절토지'가 안 좋듯 자연과 도시의 단절 역시 안 좋은 건 매한가지. 마치 노인인구와 아이인구를 단절시키는 양 말이다. 인구는 '분류'의 대상이 될 수 있지만 '분리'의 대상이 될 수 없다. '분리'는 '불리'하기 때문이다. 부동산처럼 말이다. 단절은 불통을 의미하여 가치에 대한 안전성마저 마구 떨어뜨릴 것이다.

안전성의 강렬한 무기(재료)는 실용성과 다양성 확보에 관한 투명한 보장일 것이다. 결국, 부동산 리스크를 줄이는 방도가 바로 안전성의 확보과정인 것이다. 수익성 확보가 아닌 것이다. 과거(경과, 안전성, 환금성과정) 없는 미래(결과, 수익성)는 없다.

05. 역세권과 조망권 사이(차이 및 틈새와 기회의 공간)

전원 및 장수시대를 맞으면서 '조망권'에 대한 관심사가 높다. 힐링이 화두가 되고 있기 때문이다. 조망권을 남발하는 경우도 없는 건 아니다. 산과 물을 모토로 형성되는 게 바로 조망권 아닌가.

한강 조망권은 아파트 프리미엄의 원조다. 지하철2호선 강변역의 존재가치가 높아지는 이유다. 한강의 권력과 인근 잠실의 영향력은 강대하다. 강남과 강북의 장단점을 연계하는 연결고리 역할을 한다. 매개역할을 하고 있다.

역세권과 조망권의 차이 – 완성도 낮은 역세권은 존재하나, 완숙도 낮은 조망권은 존재하지 않는다. 개발된 땅 인근의 녹지의 공간이 바로 조망권의 힘(재료)이기 때문이다. 역세권은 개발과 변화의 산물이지만 조망권은 보호와 보지의 산물.

개발가치와 보호가치의 차이가 바로 역세권과 조망권의 차이인 것.

역세권과 조망권이 정교한 조화를 이루는 공간이 경기도에 존속한다.

역세권과 거리가 멀리 떨어져 있지만 거품가격이 들어간 경우가 있다. 인근 조망권 때문에 가능한 시나리오. 조망권은 응용 대상이다. 악용하여 발현한 프리미엄은 거품의 다른 말이다.

프리미엄의 온상 – 조망권
역세권과 조망권 사이(공간) – 투자가치가 높을 수 있다. 가격거품만 주의한다면 말이다. 희소가치가 낮다. 역세권을 개발하는 대상지가 녹지이므로.

1. 역세권 발현의 힘 – 조망권
2. 역세권 발현의 또 다른 효과 – 상업 공간

놀자리(녹지 공간)와 **일자리**(상업 공간) **사이** – 녹지공간에도 일자리
가 있을 수 있고 상업공간에도 놀자리가 있을 수 있다.
예) (관광지역 내) 숙박시설 종사자(노동자) – 상업시설 내 게임장 존속

06. 역세권공간과 전원 공간

역세권 공간에 지배 받을 수밖에 없는 게 투자자이다. 그러나 전원
공간을 모토로 노후설계를 하려는 인구도 무시할 수는 없다.

1. 역세권 공간(직접역세권 공간과 간접역세권 공간)
2. 전원 공간(전원도시와 전원도시 인근)

투자자가 견지할 수 있는 국토 공간 – 직접역세권과 간접역세권
공간, 전원도시와 전원도시 인근.

직접역세권과 전원도시 관계 – 거품의 온상이 될 수 있다.
간접역세권과 전원도시 인근 – 거품과 거리가 멀다.

직접역세권과 전원도시 – 희소성이 높다.

간접역세권과 전원도시 – 희소성이 낮다(광대한 공간이 존재할 수밖에 없어서다).

스포츠센터 건물 – 유료로 사용되어지나, 비좁은 공간에서 건강을 유지한다.

녹지 공간(자연 공간) – 무료로 사용할 수 있다. 넓은 공간에서 건강을 유지할 수 있다. 즉 전원공간이 일종의 '대형스포츠센터' 인 셈이다.

자연과의 높은 접근성을 자랑하는 곳에 스포츠센터를 건립하느니 차라리 도심과의 높은 접근성을 자랑하는 곳에 스포츠센터를 조성하는 게 훨씬 유리할 것이다. 시골 오지 속에 스포츠센터를 만들면 높은 공실률에 허덕일 게 분명하다. 인구수준이 높지 않을 뿐더러 도시와의 레저문화 차이를 극복할 길 없다.

'건강의 보고' 스포츠센터(라는 공간) – 건물주인이 존재한다. 개인이 관리한다.

'건강의 보고' 대자연(이라는 공간) – 사용자가 주인이다. 국가가 관리한다.

07. 수도권 역세권(소형 땅)의 강점

우리나라의 수도권의 높은 접근성은 전 세계적으로 정평이 이미
나 있다고 본다. 그 전면에 다양한 전철노선이 존재하여 그 명성을 널
리 알리고 있는 것이다. 인위적으로 그 의미를 크게 부여하기까지 한
다. 수도권역사만이 가질 만한 강점은 여러 가지로 관철된다. 관측된
다.

1. 희소가치와 잠재가치가 모두 높다. 서로 연계되므로. 정비례한다.
2. 소액 투자가 가능하다. 부동산 담보대출의 경로를 밟는 경우도
   있는 게 현실.
3. 환금성과 희소성이 강한데 이 역시 서로 연계된다. 정비례한다.
4. 전국에서 가장 높은 접근성을 자랑한다.
5. 인구증가세가 높다. 접근성이 높아서다.
6. 존재가치가 높다. 수도권의 존재범위(영향력)가 넓어서 일거다.
7. 좋은 변수가 나쁜 변수의 양을 압도한다. 수시로 스스로 좋은 변
   수(수요자와 수요량이 증가하는 현상)가 발현해서다. 나쁜 변수 중 하
   나인 가격거품을 희석시킬 만한 강렬한 힘이 동반된다.

대형 땅의 특징 – 큰 거품을 발산한다. 호가위주로 가격이 형성된다. 그에 반해 소형 땅은 작은 거품을 동반하여 시가위주로 가격이 형성된다. 호가의 특징은 신뢰도가 낮다는 것. 시가의 특징은 가격신뢰도가 높다는 점이다. 당연히 거래량이 증가하여 거래의 지속화를 보지할 수 있는 것이다.

역세권과 사람 – 역사 유형을 굳이 대별한다면 사람에 직접 적용이 가능하다. 유동인구에 의존할 수밖에 없는 처지에 놓인 역사와 고정인구가 주축이 되어 만들어진 역사, 그리고 주거인구가 주류를 이루어 조성된 역사로 말이다. 그리고 유동인구와 고정인구, 주거인구 등 다양한 인구가 몰려 있는 역사도 존속할 것이다. 유동인구에 의존하는 역세권은 관광인구에 대한 기대감이 증폭되어 관광지역으로 명성도가 높을 것이다. 고정인구 의존도가 높은 역사는 산업단지의 지배를 단단히 받을 거다. 주거단지가 주축이 된 역사는 대규모 아파트단지가 자랑거리가 될 수 있을 것이다. 유동인구 의존도가 높은 역사에 주거시설이 전혀 안 들어가는 건 아니다. 전원주택형성과정을 목격할 수 있을 것이다. 전용주거지역이 자연스럽게 형성된다. 관광시설은 세컨하우스와 잘 어울리기 때문이다. 역세권 투자지역을 선정할 때, 인구형태에 따라 마음이 움직일 수 있으므로 투자자 입장에선 역과 사람 관계를 제대로 연구할 필요 있다.

08. 역세권 토지투자와 전원주택의 투자가치

역세권 투자형태는 도로와 그 주변상황에 투자하는 과정이다. 그에 반해 전원주택의 투자방향은 전원생활에 투자하는 것이다. 삶의 질에, 대자연에 투자하는 방식을 취할 수밖에 없기 때문이다. 도시에 투자하는 방식과 다른 것이다. 역세권투자와 전원생활 투자의 강점은 잠재력이 높다는 것이다. 잠재력이 안 보일 정도로 매력 있다.

도로의 변수는 인간의 힘으로는 예상할 수 없고 대자연 역시 변수가 발현할 수밖에 없다. 다만 역세권의 잠재력 색깔과 전원생활의 잠재력 색깔은 그 차이점이 확연하다. 역세권의 잠재력은 시각적으로 볼 수 있지만(예-개발청사진, 조감도) 전원생활의 잠재력은 그 의미가 다른 것이다. 시각적으로 본다 해도 자연의 끝을 감지할 수 없다. 대자연이라는 대형녹지공간의 끝을 볼 수 없다. 추상적이다. 비교적 구체적인 역세권의 잠재력과는 상이한 것.

1. **역세권 투자형태** – 시간과 사람(인구)에 투자하는 방식을 고수한다. 돈의 가치에 투자하여 그 형태를 소중히 여긴다.
2. **전원주택 투자형태** – 자연에 투자하는 방식으로 삶의 가치가 중심이다.

1 – 시간에 투자한다. '소형시간'에 투자한다. 투자기간이 주요관심사다. 역세권투자의 특징은 두 가지이기 때문. 하나는 단기투자가 가능하고 하나는 큰 수익률을 기대할 수 있는 것이다.

2 – 대형정원에 투자하는 형태다.

장수시대와 무관했던 과거엔 전원주택은 투자가치와 무관했다. 그러나 지금은 다르다. 고령인구가 급증하고 더욱이 베이비부머가 늘어나면서부터 투자의 길이 서서히 열리고 있는 것이다. 수요의 가치가 점차 높아지고 있다. 과거 주택부족현상이 심했을 때는 전원주택은 별장 개념으로 특권층을 겨냥한 사치의 온상+대상이었던 게 사실이다. 그러나 지금은 주택공급과잉의 광풍이 불고 아파트 미분양현상이 심화되면서부터 상대적으로 전원주택에 가까이 다가가려는 인구가 급증세를 타고 있다. 사람들은 미래가치를 겨냥한 행동을 한다. 재테크 자체 최종 목적지가 무엇인가. '건강한 삶의 보지' 아닌가. 급변하는 도시의 생활보단 지속성을 존중하기 때문이다. 도시의 공간이 과연 건강한 삶을 보지할 수 있는 힘을 가지고 있을까. 치유가 필요한 현대인 입장에선 전원공간이 곧 최고수준을 자랑할 만한 힐링공유의 공간, 웰빙공간으로 적격인 것이다.

역세권투자 = 도시공간에서 이루어지는 계획적인 과정의 사건(?)

전원주택투자 = 전원공간에서 이루어질 수 있는 우연의 일치. 대자연은 인위적인 모습을 외면하려는 성질을 가지고 있다.

전원생활에 대한 투자의 효과 – 답사 시, 매수 전에 인식할 수 있다. 전원생활에 투자하는 행위는 현재의 삶의 질에 투자하는 것이지 결코 미래가치를 보고 투자하는 게 아니므로. 삶의 질적 가치와 미래가치는 정비례하여 전원공간만의 특성을 잃지 않는 게 중요한 것이다.

역세권 토지투자에 관한 경제효과 – 답사 시 알 수 없다. 전철공사가 완공되었을 때도 그 미래가치를 정확히 저울질, 정조준 할 수 없는 곳이 역세권 개발현장이다. 변수가 다양하다. 2차 개발, 즉 지구단위계획구역이 지정되고 나서 고정 및 주거인구가 제대로 정착되었을 때 비로소 역세권의 경제적 효과를 인지할 수 있기 때문이다. 역사의 경제효과란 다양한 부동산 관련 시설물들의 구조를 통해 이루어지는 게 아니라 역시 다양한 인구구조로 이루어지는 것이기 때문이다. 미분양 및 공실현상은 지역경제를 악화일로로 질주하게 만든다. 결국 속성만 따진다면 전원생활에 투자하는 것보다 역세권에 투자하는 게 더 리스크가 클 수 있는 것이다(개별적으로 만족감이 문제! 기대감과 만족감은 다른 느낌이다). 개별적으로 기대감의 차이 때문. 자연에 투자하는 것과 돈에 투자하는 것은 사뭇 다르다.

1. 전원주택부지에 투자하는 과정 – 신비감에 크게 노출.
2. 전원주택에 투자하는 과정 – 현장감 인지 가능.

1과 2는 전혀 다른 입장이다. 하나는 미래에, 하나는 현재에 투자하는 것이므로.

1 – 리스크 높이가 높다. 미완성물에 투자하는 과정이므로.
2 – 리스크 높이가 낮다. 완성물에 투자하는 과정이므로.

땅은 마치 미완성교향곡과 같아 작품의 완성도가 낮다.

1 – 기대감을 크게 가질 필요 없다. 그건 사치다. 설령 완성이 되었다 해도 그 주변 자연환경에 큰 변화가 일어날 수는 없으니까. 마치 역사완공 때처럼 큰 기대감 갖는 건 무리다.

2 – 자연과 공유할 수 있는 확신을 가질 만 하나, 자연을 통해 거품을 주입시키는 일은 절대 하지 말자. 자연은 거짓말을 하지 않아서다.

역세권의 완성도와 전원주택의 완숙도는 그 의미가 다르다. 주변
변화의 처지 차이가 확연해서다. 역세권이 완성되면 주변이 급변할
수 있으나 전원주택이 완성된다 해서 주변이 확 달라지는 일은 없다.
용도변경의 차이인 셈(예-전원형역사와 신도시역사).

09. 흙세권과 돈세권

국내 최고의 환승역세권인 강남역세권 내에서 보기 힘든 게 있다.
'흙의 존재감'이다. 인구의 양 대비 흙의 양이 너무 미미하다. 성형미
인 찾기는 수월한 편이나, 흙의 존재자체를 찾기는 힘들다. 세월이 갈
수록 흙의 존재감이 낮아지고 있는 실정. 개발과 재개발이 반복되는
악순환 속에서 그 실체 자체를 보지하는 건 거의 불가능하다.

도시 안에서의 '흙'의 희소가치가 높다.

시골(전원) 안에서의 흙의 희소가치는 높지 않다. 흔해서 일거다.

자연보지력과 자연복원력의 차이를 바로 인식할 필요 있다. 하나
는 흙세권의 유형이요 하나는 돈세권 모습이다. 인공섬을 조성하는
양 부자연스럽다. 새로운 형태의 가격거품이 조성되어 소액투자자들

입장에선 그림의 떡이다.

    수도권 안에서의 흙의 대우는 거의 환대 수준. 빠른 개발 진행속도
와 무관치 않다(빠른 인구증가속도와 연관 있다).

    녹지 공간 활용도가 높아지는 것과도 무관치 않다. 비수도권 안에
서의 흙의 대우는 거의 박대 수준일 지도 모른다. 개발의 타당성이 수
도권보다 낮아서 일거다. 자연보지력이 높은 편이다.

'흙세권' – 귀농시대, 새로운 모토의 역세권형태.
    도시의 돈 가치와 시골의 돈 가치는 상이하다. 시골은 의식주 해결
이 수월하다. 자급자족도 가능한 지경. 도시와 다를 수밖에 없다.
    자연과의 높은 접근성이 지역 자존심(랜드 마크)일 수도 있다.

'돈 세권 〈 흙 세권'
    (흙세권의 삶의 질이 더 높기 때문. 돈은 인생의 일부다. 돈이 우리에게 중요하
나, 인생의 전부는 아니다. 건강이 전부이기 때문. 죽으면 돈 주인이 바뀐다. 호랑
이가 죽어 가죽을 남길 때 부동산주인은 죽으면 부동산을 남긴다)

    흙세권(자연에 투자하는 형태)도 돈세권(전량 돈에 투자하는 것)도 모두

중요하다.

매수자가 어떤 형태의 사고방식으로 수용하느냐가 관건.

돈세권은 도심에서 이루어질 수 있는 역세권이고 흙세권은 전원도
시 속에서 발현할 수 있는 역세권이다. 경기도 위력이 거세지는 이유
다. 서울 존재감이 위축되는 이유다. 인구 영향력은 지역잠재력과 관
련 있다.

역세권 현장답사 1

01 | 젊은 노동력의 표상 판교역세권

판교신도시 일대를 제2의 강남이라고 강조하는 사람들이 급

증하고 있다. 부동산 가격수준이 강남을 맞먹는 상황이라서다. 가치도 강남

그 이상으로 높은 편. 가치와 가격이 정비례하고, 실수요가치와 투자가치가

정비례한 상황. 이를 어길 수 없다. 판교역세권이 희망공간인 까닭이다. 빌

딩 키가 높고 깔끔하다. 건폐율 대비 용적률이 높아 가치에 대한 거품이 심

하지 않아 가성비가 높은 편이다. 새로운 빌딩이 즐비하다. 제4차 혁명을 주

도할 지역이 바로 판교다. 판교신도시의 랜드 마크인 판교역세권 내 판교테

크노밸리 위상을 전국 최고수준이라고 강조하는 이 역시 급증세다. 이에 관

한 이견을 제기할 사람은 없을 것으로 보인다. 판교역세권은 (젊음의 에너지

가 넘치는) 제2의 강남(역)이니까. 신분당선과의 높은 접근도와 집중도 때문

이다. 강남역과 판교역이 동반성장하는 모양새다. 강남역 역시 젊은이들의

놀이+자유+여유 공간이다.

판교역세권의 특징 중 한 가지. 주거인구는 일단 차치하고 판교역 이동인구의 90%이상이 젊은 인구라는 점이다. IT일번지다운 면모다. 대한민국을 대표하는 IT, BT, CT, NT기업의 비즈니스 거점으로 SK케미칼, 포스코ICT, 한화테크윈, 안랩, NHN 등이 공유 공존하여 젊음의 가치가 극대화 되는 지경이다. 역시 에너지가 넘친다. 자족기능 강화를 위한 융합 기술 중심의 첨단 혁신클러스가 지역 모토인 판교역세권은 역 자체만으로도 젊음이 유지되는 보지력 일 것이다. 수도권 광역적 입지혜택을 무시할 수 없다. 수도권 거대

판교역 주변 정세

판교역 주변 환경

소비시장이라는 광역적 입지혜택과 함께 서울 상암DMC, 테헤란밸리, 구로
디지털단지, 도내 광교, 안산 등의 지식기반인프라 집적지와 근접, 다양한
경제시너지창출효과에 관한 기대감이 증폭되고 있다.

체계적인 기업 지원 시스템이 잘 갖추어져 있는 공간. 최적의 기업 환경을
제공하기 위해 경기 창조경제혁신센터, 스타트업 캠퍼스 등 지원시설이 구
축되어 있다. 판교신도시는 광교신도시처럼 친환경을 모토로 개발한 신도시
로 녹지율 수준이 높은 공간이다. 광교신도시 녹지율은 41.1%로 전국 최고
수준이다. 분당신도시와 판교신도시는 각기 19.7%와 30.1%이다.

부동산의 HEAD(머리)

H – 힐링, healing(치유)

E – 에너지, environment(환경, 상황, 자연, 분위기 등 모두 만족도가 높은 편)

A – 재능, able(가능성과 잠재성)

D – 성장, develop(개발과 개발자가 공존)

부동산의 머리가 바로 판교역세권 주변이다. 힐링과 열정과 가능성과 자기
계발과 부동산개발이 가능한 잠재성 높은 공간이 바로 판교역세권과 그 주
변인 것이다. 환승역 판교역의 랜드 마크는 판교테크노밸리이다. 지하철 환
승역 역할은 고속도로의 나들목이나 분기점 역할과 같다. 부동산의 연계성

판교 테크노밸리 일대

미금역 주변

이 높기 때문이다.

환승역 판교역세권과 환승역 미금역세권은 다른 의미.

젊은 동력이 움직이는 판교역 대비 미금역은 비교적 인구가 다양한 편이라서 하는 말이다. 판교역세권 주변에서 노인을 목격하기 쉽지 않다. 미금역세권은 판교역세권보다 이동인구가 다양하다. 미금역은 구미동과 금곡동의 경계에 있어 구미동의 미(美)와 금곡동의 금(金)을 본 따 붙여졌다. 고용인구가 다양한 판교역과 달리 고령인구도 이따금 볼 수 있다. 강남분위기가 다분한 판교역세권 대비 미금역세권은 강북분위기를 연출+노출한다. 젊은 인구 이동량이 많은 판교역세권 대비 주부들 이동량이 눈에 띄는 공간이 미금역세권 주변이다.

주거 공간 위주의 미금역세권과 일자리 위주의 판교역세권 성향은 다르다. 같을 수 없다. 가치의 차이가 큰 이유다. 가격 또한 그 차이가 큰 편이다. 신도시 위상의 차이다. 분당신도시와 판교신도시, 그리고 분당선과 신분당선의 차이를 새로운 '사이(틈, 기회의 공간)'로 인식할 필요 있다.

미금역과 판교역의 공통점 – 깨끗한 분위기를 보지할 수 있는 힘이 있다. 강남과 연계하는 환승역이다. 좀처럼 모텔 모습을 모색할 수 없다. 특히 젊은이들이 많은 판교역 주변엔 모텔을 발견할 수가 없다. 주변 힐링공간엔 운동을 즐기는 젊은 동력이 눈에 확 띈다. 가격과 가치가 정비례할 수 있는 지역모태다.

환승역 강남역의 특징 – 모텔이 극성이다. 성황이다. 향후 강남역의 가치와 가격을 판교역이 앞설 수 있다고 확신한다. 지금과 같은 진보속도를 유지할 수 있는 추세(에너지)라면 말이다. 건전한 공간인 판교역세권의 세계는 맑음이다. 밝다. 현실적으로 고용인구(판교역세권) 파워와 유동인구(강남역세권)의 차이를 극복할 수 있는 길은 존재할 수 없기 때문이다.

02 | 용인 기흥역세권의 현재가치와 미래가치

용인은 역 수도 많지만 대학 수도 많은 곳이다. 경전철 영험도 무시할 수 없다. 경전철에만 무려(!) 4개 대학이 관통하고 있어서다. 그 배경에 100만 명 이상의 인구 영향력도 무시할 수 없다. 기흥역세권의 특징과 가치를 견지하고자 한다. 긍정의 눈빛으로 접근하면 개인적으로 큰 유익

용인 기흥역 주변

을 볼 수 있을 것이다. 왜냐, 희망의 동생은 소망이고 절망의 본색은 사망이기 때문이다.

용인은 난개발 온상. 미분양의 온상이다. 그러나 기흥역만은 예외일 수 있다는 생각이 든다. 그런 기대감을 가질 만한 대형공간이다. 접근도와 현장감이 높아서다. 예컨대 편익 및 녹지시설의 조화가 이채롭다. 성공한 명품역세권 주변 상황은 조화롭다. 완벽에 근접할 수 있다. 일자리+놀자리+잠자리가 잘 구비되어 있어서다. 노동력(고용인구)이 곧 지역잠재력과 연계된다. 관광인구와 주거인구도 증가세다. 당연히 자리다툼이 심할 수밖에. 경쟁력과 잠재력을 높일 수 있는 근간이 단단히 구축되어 있기 때문이다. 판교 및 분당신도시, 그리고 강남지역과 높은 접근성 때문이다. 전철효과가 크다. 높다. 광범위하다.

역세권과 끊을 수 없는 관계가 하나 있다. 그건 대단지이다.

1. 주거단지
2. 공업단지
3. 관광단지

서로 조화롭게 움직인다면 지역가치가 높아질 수밖에 없다. 투자자입장에선 도시의 특성을 제대로 살펴볼 필요 있다. 도시는 대형공간이 실용적이고 다양하다는 특성을 가지고 있다. 예컨대 주거 공간, 녹지 공간, 공업 공간, 상

자연 환경이 빼어난 기흥역사

업 공간 등의 이용가치가 바로 그것. 상업시설은 주거인구, 고용인구인 고정
인구, 유동인구인 관광인구 힘에 의해 공실의 우려감을 말끔히 씻을 수 있
다. 상업시설 자체의 존재감은 무의미해서다. 존재가치를 기대할 수 없다.

기흥역세권의 현재가치는 웰빙역세권형태지만 미래가치는 용인의 랜드 마크
가 될 가능성이 높다. 환승역의 기대 가치 때문이다. 100만 거대도시 용인의
랜드 마크가 기흥역세권이 될 수도 있다. 친환경을 모태로 형성된 역사로서
건강을 보지할 수 있는 역사이기 때문에 하는 말. 기흥역과 그 주변엔 '먹을
거리'(이슈거리)가 다양하게 분포되어 있다. 부동산업소가 다양하게 분포되
어 있는 이유다. 거의 평택 서정리역 일대 수준이다. 강남지역과 성남지역
매개역할을 하고 있는 공간이 바로 환승역세권인 기흥역인 것이다.

다만 아쉬운 점은 Mall(몰)이 부족하다는 것이다. 이점만 해결된다면 용인
미래가치는 지금보다 더 높을 것이다.

03 | 수원역세권과 그 주변상황

경강선 개통 이후 경기도 광주와 이천, 여주 등의 각종 시설물에 대한 집중도가 높아지고 있는 판국이다. 그런 느낌이 강하게 든다. 이들 세 지자체는 서로 형제, 견제관계로 오랜 기간 지역라이벌구도를 그리는 상황. 서로 호형호제 관계다. 자연히 당연히 경쟁구도를 그릴 수밖에 없다. 경기 광주의 경우, 광주역세권을 중심 모토로 나머지 세 개 역사도 미래가치에 관한 기대감이 높은 편이다. 지금은 미온적일 수 있으나 개별적으로 세월이 곧 약이라는 인식(인내력, 끈기)이 필요하다. 역세권의 부동산은 무조건적으로 상승하고 시간이 문제일 뿐 개발진행은 반드시 거치기 마련이기 때문이다. 이게 바로 역세권이 공시하는 공식이다. 개발을 포기하는 게 아니라 장기 연기하는 것이다. 역세권에 관한 오해 대신 이해를 하는 게 투자자가 관철할 수 있는 정신자세다.

광주와 이천, 여주가 라이벌 구도를 그릴 때 서쪽에선 수원, 화성, 오산 등이 서로 견제관계를 유지하는 판국. '우리는 하나다'라는 캐치프레이즈를 갖고 움직인다. 이동 중이다. 본격적인 서해안시대를 대비하는 모양새다. 수원과 화성, 오산은 더불어 사는 '더블생활권'인 셈.

수원역의 특성

1. 환승역(분당선과 연계되어 강남과의 접근도가 높다)
2. 탁월한 기능의 환승센터를 보유하고 있다. 접근성, 잠재성 모두가 높은

이유다. 이용객이 다양하다.

3. 다양한 편익시설은 다양한 인구구조와 정비례한다. AK플라자, 롯데백화
점과 롯데몰 등이 그 좋은 실례.

수원역사구조 – '환승센터+AK플라자+롯데몰'

이들이 서로 연계하여 수원역세권의 힘을 배가 시키고 있다. 날로 유동인구
가 증가하고 있다. 역시 최고 수준의 환승센터 보지(보유) 때문. 거대도시 수
원인구가 계속 늘어날 것으로 관측된다. 수원역 앞 사창가 일대가 재개발선
상에 놓여 있어서다. 고등동일대를 재개발한다. LH 주도하에 공사가 한창
진행 중이다. 공공주택(행복주택건설)이 들어설 예정이다. 고등동 일대를 개

수원역 환승센터 + AK플라자 + 롯데몰

발하면서 수원역 앞이 진보할 태세다. 준비완료상태다. 사창가 일대 개발로 지역오염도가, 오명이 어느 정도 정화될 수 있을 것으로 보인다. 기회다. 삶의 질이 높아지고 이미지 쇄신 + 변신의 기회가 오는 것이다.

환승역세권(예—수원역세권)과 일자리 많은 역세권(예—구로디지털단지역)의 잠재력은 높다. 정례화 되어 있다.

역세권의 현재가치 = 성공사례(성공의 모델, 모태)

예) 환승역 수원역의 현재가치(유동인구의 이동상황이 최고수위를 계속 유지하고 있기 때문)

서동탄역(오산시) 현장모습 – 역 바로 앞은 작은 부동산이 즐비한 상태. 도시형생활주택이 다양하게 분포되어 있다. 역과 원거리에 있는 공간은 큰 부동산으로 형성되어 있다. 대규모 아파트단지가 한눈에 들어온다. 키 큰 아파트가 계속 건설되고 있다. 공사 중이다. 성장 중이다. 역 바로 앞은 장기간 농지상태를 유지하고 있는 상태에서 말이다.

100만 거대도시 수원의 수원역과 100만 거대도시 용인의 기흥역의 공통점은 환승역이라는 점. 그리고 차이점은 하나는 주거개념이 강하고 하나는 유동인구 중심의 역사라는 점이다. '작은 수원' 화성시의 미래가치에 대한 기대감도 높은 편이다. 병점역 2번 출구엔 개발이 한창 진행 중이다. 병점역세권 도시개발이 끝나면 화성시 전체인구가 100만 거대도시로 입지를 단단히

수원역사

구축할 수도 있을 것이다. 작은 수원으로 가는 입장. 개발규모는 37만5천 제 곱미터로 축구장 51배에 해당하는 크기에 약3천억 원이 투여될 예정. 1호선 병점역 주변은 역세권개발을 통해 다양한 유동인구와 고정인구를 흡수할 수 있을 것이다.

서동탄역세권(오산시 외삼미동470일대)의 특징

수도권이라고 해서 모두가 만족도가 높다 볼 수 없을 것이다. 명품역세권 기 준은 여러 가지 모양으로 반출할 수 있으므로. 일부 박제 같은 역도 없는 건 아니다. 역이 완공되었다고 해서 안심할 수는 없다. 그곳이 개발완료지역이 라고 단정 짓기는 힘들다. 변수 때문이다. 그 변수는 잠재력을 말한다. 단순 히 역 완공으로 끝나는 지역이 있는가 하면 개발가능성의 여지를 남기는 경 우도 있다. 서동탄역의 현장이 그 실례라 할 수 있겠다. 지금 한창 발전을 거듭하고 있는 인근 평택의 지제역이나 서정리역 등과 비교한다면 매우 양 호한, 잠재력이 빼어난 곳이라 여겨진다. 현재는 종착역이지만 추후, 다른 지역과 연계될 가능성이 높아서 하는 말이다. 서동탄역은 역이 완공된 상태 지만 개발완료지역이 아닌, 개발진행지역이라 여겨진다. 서동탄역의 가장 큰 특징은, 역 앞 광장 모습이 특이하다는 것이다. 역 앞엔 광장 대신 넓게 분 포되어 있는 밭과 논(농지)들이 있다. 역으로 나오면 농민이 경작하는 광경 을 직접 목격할 수 있다. 서동탄역 주변은 아직 이동인구가 적어 한적한 편 이다. 상가와 오피스(업무)시설이 부족한 상태다. 주거시설(아파트, 원룸) 대

서동탄역사

서동탄역 주변 환경

서동탄역 주변 환경

비 업무시설이 미진한 상태라 주거인구가 경제인구역할도 어쩔 수 없이 담당하고 있다. 역 앞 전경은 대규모 아파트단지와 중소규모의 농지모습. 경의중앙선 및 경춘선 일부구간과 비교해 잠재성이 높은 편이다. 관광역세권이거나 전원역세권의 경의중앙 및 경춘선 일부역과 다르다(일부 경의중앙선과 경춘선구간은 마치 박제와도 같은 게 현실).

예) 버스연계 및 주거 인구를 위한 대형마트 공존(홈플러스)

환승역 병점역과 비교해 출입구는 하나지만 정비가 잘 되어 있다. 어수선한 분위기의 병점역과 달리 조용한 신도시 분위기를 연출한다.

04 젊은 역사가 예상되는 향남역의 필요성(중요성)

역세권이 형성되는 건 과정이다. 결과가 아니다. 늘 시간투자의 필요성이 제기되는 이유다. 결과는 도시형성이다. 즉 역사 형성과정은 도시 형성과정 중 하나에 불과하다. 역사가 완성됐다고 모든 게 끝난 게 아니다. 2차 개발계획이 수반되는 게 그 좋은 상례. 도시의 기본, 부동산의 뿌리는 길이다. 기반시설이다. 역세권이 형성되는 건 도시의 뿌리. 기본이다. 역사의 중요성을 견지하는 순간을 자주 맞는다. 막을 길이 없다. 도시가 어느 수위 형성된 상태에서 역사건설을 하고 있는 화성 향남역사의 미래가치에 대한 기대감이 높다. 현장감과 긴장감이 높다. 박진감도 느낄 수 있다. 신뢰감도 느낀다. 이를 통해 제육감을 느낄 수 있다. 접근도가 가미되는 순간

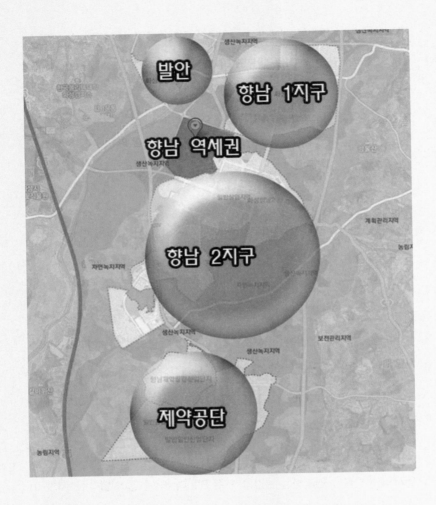

을 맞는다. 직접적으로 말이다. 어느 수위 도시가 형성된 와중에 말이다. 완
성된 향남택지개발지구는 역사의 완성과 맥을 함께 할 수 있을 것으로 보인
다. 예상대로 환승역 기능이 수행된다면 말이다. 도시가 어느 수위 형성 됐

다는 건 고정 및 주거인구 수준이 높다는 의미다. 젊은 인구가 역사공간에 입성하기를 고대한다. 도시형성이 어느 수위 정립된 후 역사 완성도에 대한 만족도가 높아진다면 완전한+안전한 도시가 형성되는 순간을 목격할 수 있다.

현장감과 제육감의 도가 바로 정도(正道)가 아닐까 싶다.

'길'이 곧 역사 건설이다. 길의 완성이 곧 높은 택지개발지구의 완성도이다. 서양의 길이 로마로 통한다면 동양의, 특히 우리나라의 길은 바로 도시에로의 역사의 길일 것이다. 휑한 채 역사가 화려하게 건설되면 무엇 하랴. 유명무실하다. 이런 측면에서 볼 때 현장감과 접근도 면에서 유리하다 할 수 있는 향남역사예정지 주변에 대한 관심도가 높은 것이다. 택지조성과정이 없었다면 언감생심 이런 평가를 내리기는 힘들다. 안전구도의 인구가 확보되지 않은 가운데선 불안하다. 평가대상에 포함될 수 없다. 향남읍의 강점 중 하나는 관내 1위의 인구규모를 확보하고 있다는 점이다. 긍정적 평가를 받을 수 있는 대목이다. 젊은 도시로의 진입을 기대할 수 있는 이유다.

※ 송산 역세권 개발 역시 향남 역세권 개발 그 이상의 가치를 인정 받을 수 있다고 본다. 예비거대도시 안산과 아주 가깝고 송산 그린시티개발이라는 대형프로젝트 영향을 무시 할 수 없다.

05 | 수도권에 뭉칫돈이 집중 몰릴 수 있는 이유

부동산투자자가 역세권에 투자하는 건 안전성 확보를 위한 열정 그 자체일 것이다. 특히 서울, 경기, 인천이 모두 포함된 수도권지역의 역세권공간은 최고 가치를 구가할 수 있을 것이다. 역세권투자자입장에선 위치(자리)와 역사 관계를 관철하는 게 순리일 테니까. 그게 바로 정도일 것이다.

범례) 자리와 역사 관계를 정리 정돈할 기회를 마련해야 한다.

1. 잠자리와 역사 관계 – 주거 공간 위주, 중심의 역사의 개발

2. 놀자리와 역사 관계 정립 – 관광 및 녹지중심의 개발

3. 일자리와 역사 관계 – 산업단지 중심으로 구축

1+2+3이 충족한 곳에 돈을 던진다면 개별적으로 투자에 관한 만족도가 높아질 게 분명하다. 뚜렷한 기상이변현상이 일어나지 않는 한 말이다. 우선 이론적으로 안전하지 않을까 싶다. 이런 공간은 경기지역에 다수 포함되어 있다. 이런 상황에서 경기도와 접한 인천광역시의 (영종도) 공항신도시 운서 역세권에 주목할 만한 정신적 여유가 필요하다고 본다. 충분한 가치가 있어서 하는 말. 그 특성을 제대로 견지할 필요 있다고 본다. 이번 기회에 정밀한 접근을 해보자. 영종지구는 송도 및 청라국제도시와 더불어, 경제자유구역에 예속되어 있다. 소속감이 큰 이유다. 존재감이 크다. 필자 생각엔 영종

운서역 2번 출구

하늘도시의 일자리는 크고 작은 각종 호텔에서 비롯되지 않나 싶다. 호텔 속에서 다양성을 모색할 수도 있다고 보는 것이다.

호텔 인근엔 다수의 다양한 편익시설물이 자신의 존재감을 맘껏 발휘하는 상황. 그 정도로 영종지구엔 유독 호텔이 다양하고 그 가치가 지역적으로 높다. 호텔투자자도 많을 것으로 예상된다. 잠자리와 놀자리, 일자리, 그리고 '술자리'도 공유할 수 있는 지경이다. 유흥을 웰빙으로 인식할 수 있다고 본다. 술자리는 '쓸자리'. 상업공간으로서 돈 쓸 기회의 자리인 것이다.

영종하늘도시의 존재가치 - 인천광역시라는 대형플랫폼을 활용할 수 있는 기회의 공간이 바로 운서역세권과 그 주변이다. 운서역1번 출구 앞은 초역세권(second)이 존재한다. 그런 위치다. 5초 거리에 편익공간이 완비되어 있어서다. 이번 기회에 초역세권의 의미를 제대로 관철할 필요 있다. 초역세권을 너무 낭비, 난발해서다. 도보로 10000초가 소요된다면 초역세권범위에서 벗어난 상태다. 그렇다고 무조건 가치를 부정할 건 아니다. 가치가 전무한 건 아니다. 운서역1번 출구 주변 인구는 다양하다. 5초 거리에 편익공간이 존속할 수 있는 여유+이유다. '초(second)' 역세권이다. 결국 초역세권의 기준도 인구중심이 모토가 되어야 한다. 역에서 20초나 30초 소요되는 것보다 200명이나 400명의 유동인구가 더 소중한 가치일 테니까. 역에서 도보로 1초 걸리는 거리가 '초' 역세권의 해답은 아닐 것이다.

초역세권은 시간(몇 초 소요되는가)과 거리(몇 미터인가)보단 역시 위치에 지배 받는다. 시간을 다투기 보단 '자리다툼'인 셈.

운서역세권의 특징 - 2번 출구 공항신도시 방향엔 분양사무실과 중개업소가 난립하고 있다. 급증하고 있다. 투자의 가치를 기대할 수 있는 지경인 것이다. 현재는 미비한 상황이지만 2번 출구를 통해 땅 투자 과정을 다시금 견지할 수 있다고 본다.

땅 투자과정은 '꿈과 현실 사이에 투자하는 일'이라는 사실 말이다.

2번 출구 상황은 완성도가 낮다. 이동인구가 적다. 그 대신 분양 및 신축건

운서역 주변

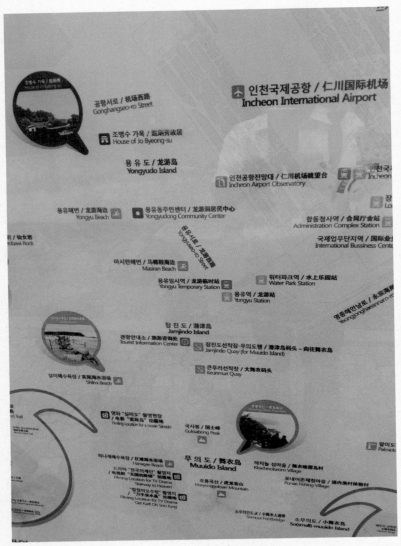

운서역 주변 지도

물들이 다양하게 분포되어 있다. 증가세다. 영종도 공항신도시가 잠재력이 높은 이유다. 성장 가동 중이다. 전쟁을 선포한 지경. 분양전쟁이 치열하게 전개되고 있다. 운서역의 현재상황은 일단 극과 극. 1번 출구의 상황은 생동감이 넘치고 있지만 2번 출구 상황은 전혀 딴판이기 때문이다. 2번 출구 상황은 적막한 분위기를 연출+유지하고 있다. 하나는 완성도가 높고 하나는 완성도가 낮다.

1번 출구 인근엔 외국인 특화거리가 있다. 작은 호텔과 모텔이 난립하여 정립이 필요하다.

1번 출구는 신도시가 정립된 지경이라 실수요가치가 높다. 2번 출구는 예비 신도시 모드. 투자가치가 높다. 이런 구도가 계속 지속된다면 2번 출구의 미래가치가 곧 1번 출구의 현재상황이 될 수 있다고 본다. 영종하늘도시의 특징은 바다와 접하고 있다는 사실이다. 강과 접한 도시의 가치와 차별된다. 희소성이 높다. 천혜의 웰빙공간으로 손색없다. 실속 있다.

운서역의 지역 랜드 마크는 일단 1번 출구 앞의 호텔들이 아닐까 싶다.
그만큼 위치적으로 존재가치가 돋보여서다. 초역세권의 가치를 극대화 할 수 있는 지경. 기회의 공간이다. 진정한 초역세권의 의미는 거리와 가치가 정비례 했을 때 비로소 역사 가치를 인정받는 것이다. 거리와 가치가 반비례 할 경우 가격거품에 크게 노출될 수 있다. 소요시간과 가치가 반비례하는 경우 역시 마찬가지다. 소모전이다. 소요시간보단 위치의 중요성을 재차 강조한다. 역과의 거리가 멀더라도 가치 평가를 높게 인정받는 경우의 수도 있다.

거리의 가치를 높일 수 있는 건 역시 인구의 증가이므로. 거리는 가깝지만 인구가 형편없는 수준이라면 큰일이다. 가치가 수치스럽다. 사치에 불과하다. 역세권 상업공간과 주거 공간, 심지어 녹지공간까지 가치를 인정받을 수 있는 것이다. 역세권 토지(생지)의 잠재가치가 높은 평가를 받을 수 있는 이유(여유)다. 운서역세권 2번 출구의 현재상황이 그렇다. 서울에서 51km 떨어졌고 홍대입구환승역과 접근도가 높다. 6개 역만 지나면 당도할 수 있는 거리니 말이다.

지도와 사진의 차이점은 무엇인가. 지도는 개별적으로 현장답사과정을 통해 얻을 수 있는 자료가 아니다. 구체적일 수 없는 이유다. 현장감이 낮아서다. 치밀할 수가 없다. 그림과 사진이 공존하는 지경. 공항신도시의 현재 모습이다.

그림 – 여러 모형의 개발계획들, 크고 작은 부동산의 조감도가 난립하고 있는 지경이다.

사진의 특징은 현장감이 높고 사진을 통해 정밀한 분석이 가능하다는 것이다. 답사과정 중에서 얻을 수 있는 선물이다. 답사과정이 필요한 이유다. 개

운서역 1번 출구 앞 호텔

운서역 주변

운서역 2번출구 주변

발청사진(조감도)보다 사진 위주로 수열 하는 게 정확도 면에서 유리할 수 있다. 현재가치를 통해 미래가치를 견지해야 하니까. 그림보단 사진의 실효성이 더 높다. 언제나 그렇듯 전국이 지금 도로공사에 한창 바쁘다. 그 이유는 단순하다.

1. 지역예산을 통한 단순한 도로공사를 위한 도로공사의 진행. 지극히 소극적이고 형식적, 장식적이다.
2. 인도 혹은 차도 공사
3. 건축물 완성을 위한 공사

4. 역사공사에 따른 부수적인 공사 진행

보행자와 흡연자의 주의사항이 금연구역을 제대로 인지하는 과정이라면 땅 투자자의 주의사항은 바로 규제지역을 제대로 파악, 인식하는 것이리라. 도로 규제도 그에 포함될 수 있다. 장식용, 형식적인 도로는 무의미하다.

공항신도시 운서역 2번 출구 모습 – 공실률이 높은 게 아니다. 분양열기가 뜨겁고 치열하다. 분양 중이다. 개발이 진행 중인 것. 현재진행 중이다. 현재진행형. 개발진행상황이 생각과 달리 굼뜨다고 해서 그걸 규제로 인식할 수는 없다.

the power of power

Chapter
04
.

역세권 불패신화는
계속 이어진다

04

역세권 불패신화는 계속 이어진다

01. 수도권 신도시와 수도권 역세권

수도권 신도시와 수도권 역세권의 가치가 비수도권 신도시와 비수도권 역세권 가치보다 더 높은 건 기정사실. 물론 인구규모로 인해 가치가 달라진다. 각종 지상물의 질부터가 달라질 거다. 건폐율과 용적률이 평가 대상이 아니다. 인구의 양과 질이 문제.

신도시개발과 역세권개발모토는 다르다. 신도시개발은 인구가 집중할 수 없는 지경의 인구감소세 속에선 불요불급한 지경 아니랴.

역세권개발은 인구팽창 시 필요하다. 그 외는 불요불급하다. 신도시가 건설되면 대규모 주거단지가 반드시 형성된다. 그러나 역세권 형성과정은 다르다. 반드시 대규모 주거단지가 형성되는 건 아니니까.

신도시 종류가 주거 위주의 신도시, 관광신도시, 공업신도시 등으로 분출할 수 없겠지만 역세권은 상황이 다르다. 아마 신도시의 미래가 역세권일 지도 모른다. 즉 신도시가 대선배라는 뜻이다. 역세권은 도시 형성과정의 일부분일 것이므로.

신도시 특성과 비교해 역세권엔 개성이 강한 면이 있다. 관광역세권, 공단역세권, 전원역세권 등으로 분류할 수 있기 때문이다. 신도시엔 주거 및 고정인구, 그리고 유동 및 관광인구가 고루 분포되어 있지만 역세권은 다르다. 고정인구가 분포되어 있는 역세권과 유동인구로만 구성된 역세권이 있다. 결국 투자자는 (앞으로의) 실수요형태를 보고 움직이는 법. 역세권지역이건 신도시지역이건 간에 말이다. 신도시에 투자하는 길이 안전한 길인 이유다. 역세권에 투자할 때 역시 다양한 인구구조를 보지 않으면 안 된다. 유동인구만 보고 투자했다간 실망의 길로 빠질 수 있다.

02. 다양한 역세권 역량의 도시

역세권 불패신화가 계속 이어질 수 있는 힘은 어디서 창출 + 분출하는가. 역세권 불패신화와 강남불패신화가 반드시 정비례한다. 맥을 함께 한다. '준강남' 활개(날개)모습과 무관치 않다. 예컨대 판교, 분당, 광교 등은 제2의 강남으로 치부하는 게 이젠 일상사가 되었다.

다양한 역세권 역량의 도시가 출현하는 이유일 수도 있다. 도로가 부동산의 생명줄 역할을 하는 건 기정사실. 역시 철도 힘을 무시할 수 없다. 역사 수가 그 지역 존재가치를 높일 수 있기 때문이다. 지역 랜드 마크역할을 충분히 준행한다. 역 수가 지역을 대변하는 것이다.

역 수가 다수인 경우가 있다.

1. 면적은 작지만 인구가 많아서 역이 많은 경우가 있는데 예를 들면 안산시가 그에 해당할 수 있다. 안산역, 초지역, 고잔역, 중앙역, 한대앞역, 상록수역, 반월역, 신길온천역 등 8개 역을 확보 중이다. 최근엔 서해선에 4개역이 더 생겼다.

2. 인구는 많지 않으나 땅이 넓어서 역이 많은 경우도 있는데 예를 들면 물의 도시 양평이 그에 해당할 것이다. 9개 역을 확보하고있다. 그러나 존치 가치는 그다지 높지 않다.

3. 인구도 많고 땅 넓이도 작지 않은 경우도 있는데 예를 들어 남양주의 경우는 무려 13개 역을 보유하고 있다. 더욱이 장차 별내 및 진접선이 추가 개발+개통되면 지역위상과 입지가 날로 커 질 기세다. 현재

보유하고 있는 역은 별내역, 퇴계원역, 사릉역, 금곡역, 평내호평역, 천마산역, 마석역, 양정역, 도농역, 덕소역, 도심역, 팔당역, 운길산역 등으로 경의중앙선 및 경춘선을 모두 통과한다.

경강선 존재가치가 반드시 높아야 하는 이유 – 이미 이천, 여주 등지에 투자한 개미투자자가 많아서다. 이들의 미래는 경강선의 미래와 함께 한다. 그리고 서해안복선전철의 성공 잣대가 바로 경강선의 진화일 수 있다. 경강선 효과가 점진적으로 커간다면 서해안복선전철 역시 성공의 길을 달릴 수 있다. 서해안복선전철이 완성되는 오는 2020년엔 새로운 (유형의) 젊은 인구가 대거 서해안복선전철로 옮겨갈 것이다. 서울과 경기권역의 관계정립에 신경 쓰는 경강선 대비 서해안복선전철은 수도권과 비수도권간의 관계정립 사안 아니랴. 경강선과 달리 잠재적 범위가 광범위 할 수 있다. 서울과 경기 및 인천을 아우르는 수도권 면적은 전 국토의 11.8%에 불과하므로. 서울 송파 수준의 판교신도시의 정세로 보아 경강선 미래가치를 다시금 기대할 수 있을 것이다. 젊은 동력이 인근 광주등지로 둥지를 트는 날이 머지 않아 보여서 하는 말이다.

경강선에 대한 기대감이 높은 이유는 무엇보다 부동산1번지 강남 지역과의 높은 접근성 때문이다(대기시간을 제외하면 20분 내에 진입이 가능하다). 직접적으로 연계된다. 제2의 강남을 자처하는 판교 및 분당신 도시와 직접적으로 연결이 가능하니까(대기시간을 제외하면 10분 내 진입 이 가능하다). 분당 및 판교신도시의 젊은 인구가 대거 이동할 수 있는 수단이 경강선의 일부구간이다.

잠재인구가 약1백63만 명의 경강선과 1백52만 명의 서해선은 인구 급증현상에 적잖은 영향을 받을 수 있다. 서울인구의 눈은 경강선과 서해선의 몸체와 소프트웨어를 향할 것이다.

여주선이 경강선인 연유 – 경강선은 수인선 월곶역에서 영동선 강 릉역을 이을 예정인 간선철도노선으로 여주선은 경강선의 일부분(성 남~여주)이다.

예) 월곶~판교선(계획 중이다)

경강선(성남~여주)

원주~강릉선(완공)

03. 역세권 존재가치와 저작권의 힘

'역세권'이라는 소프트웨어 가치는 여전히 부동산시계에선 화두 가 될 수밖에 없다. 이슈화 될 만한 힘을 지녔다. 역세권은 조망권과 지상권 입지에 따라 미래의 방향이 달라진다. 그건 잠재력일 것이다. 변화 속도가 달라진다. 환금화 및 동산화속도 역시 달라진다. 매력적이다. 역세권 미래는 역사 자체로 발효되는 게 아니라 주변동향(지상권위치와 조망권 상황)에 따라 달라진다.

지상권 위치와 조망권의 상황을 무시할 수 없다. 하나는 지상물의 입지조건에 합당하는 것이요 다른 하나는 자연환경조건에 부합하는 것이라서다.

역세권과 조망권, 그리고 지상권 등은 부동산의 존재감의 표상이다. 대상이다. 권한은 다르나, 성향은 다르지 않을 것이다. 이러한 구도를 그릴 만한 상상력이 개별적으로 필요하다.

부동산의 최우선 형성권 – 지상권

이런 차원에서 본다면 지상권은 마치 저작권과 그 성격이 흡사하지 않나 싶다. 둘 다 이 땅의 영원한 소프트웨어 아닌가. 개인적으로 지상권 활용정도에 따라 지상권의 존재 및 잠재가치가 달라진다. 토지(영원한 하드웨어)의 '지상권'은 지상물의 버팀목(버팀돌), 지탱능력이다.

범례) 작곡가는 저작권으로 고유의 힘을 발휘할 수 있으나, 개발업자의 힘은 역세권 등으로 반출한다.

초보투자자가 분류하는 국토

1. 도시지역

2. 비도시지역

고수가 분류하는 국토

1. 접근성 높은 지역 – 접근도 높은 역세권지역

2. 접근성 낮은 지역 – 접근도 낮은 역세권지역

1–(부동산과의+자연과의) 대화가 가능한 지역으로 인구증가지역

2–소통이 불가능한 지역(불통, 고집불통–인구감소지역)

부동산투자자의 정신적 지주 – 사람보단 시간이 필요하다. 사람 대신 시간을 믿는다. 사람을 사랑하는 대신 시간을 사랑하라.

투자의 만족지수 + 충족지수를 높이는 방도다. 투자자 만족지수는 남을 통해(외부변수) 얻는 건 아니다. 내 자신이 충족하는 것이다. 남과의 싸움보다 나와의 싸움이 더 중요하다. 나와의 경쟁에서 승리한다면 남과의 경쟁에서도 쾌승을 기대할 수 있는 것이다. 매력적인 땅과 폭력적인 땅(폭등세 유지)을 구별할 수 있는 판단력과 변별력이 필요하다.

결단력과 결정력 – 역세권, 저작권 등 소프트웨어 역량을 제대로 흡수했을 때 발현하는 힘

다양한 경험(들) – 결정력을 발효하는 강한 무기

경험의 종류

1. 머리로 경험하기(이론)
2. 몸으로 경험하기(실기)

1의 힘+2의 힘=투자를 결정할 수 있는 결정력

04. 직접역세권 반경의 변경과 인구의 힘

역세권의 힘은 변수의 다양성일 것이다. 변수의 다양성 속에서 잠재성을 발견하는 과정이 바로 투자자에게 필요한 덕목이다. 그 변수속엔 두 가지 속성이 있다. 역사에 접근하기 전에 반드시 견제해야 할 성격이다.

1. 역세권에 크고 작은 거품이 만연할 수밖에 없는데 이는 역세권의 특징이기도 하다. 거품 없는 역세권은 존재할 수 없기 때문이다. 거품에 크게 노출된 공간이 바로 역세권이라는 대형공간이다. 역세권 소형부동산의 인기는 날로 높아지고 있지만 환금성이 낮은 경우가 있는데 이는 거품으로 인한 패악 때문이다.

거품현상은 사람 접근을 방해하는 장벽이다. 부동산은 외모지상주의를 따르는 경우가 많은데 그중 하나가 바로 강렬한 거품의 증상일 것이다. 하수들은 '폭등가격'과 '거품가격'을 구별할 수 있는 능력이 부족하다. 하나는 지속력이 높으나 하나는 지속력이 낮은데 말이다. 시가와 호가 구분조차 하지 못한다면 역세권 근처도 가지 말라. 준비가 안 된 상태라서 위험할 수 있다.

2. 인구유입에 따라 가치가 변할 수 있다. 인구증가형태에 따라 가치크기가 달라질 수 있다. 단순구도의 인구의 수치가 인구의 가치를 적극 대변할 수는 없다. 인구가 갑자기 증가했다가 장기 소강상태에 이르는 것보단 소폭이지만 꾸준히 증가하는 형태가 안전한 역사개발모형일 것이다. 생명력과 지속력을 유지할 수 있는 또 하나의 힘인 것이다.

역세권이라는 지역에 강점만 있는 건 아니다. 역세권투자자가 '거품과 인구효과'를 견제하지 않으면 안 되는 이유다. 견제대상1호가 바로 강렬한 거품바람이다.

직접역세권과 간접역세권의 기준 – 부동산의 물리적 배치구도와 용도배치구도보단 역시 인구의 배치구도의 영향이 더 크다. 역 개발 이후 인구유입효과가 미미한 경우도 다반사이므로. 즉 직접역세권 반경은 거리(500미터)보다 인구효과(유입효과)로 판가름해야 할 것이다.

과거의 역세권신화라는 큰 감옥에 자신을 가두지 말라. 변화에 동참하자는 뜻에서 하는 말이다. 역세권진화과정에 동승하자. 인구유입경로가 다양하다면 직접역세권 반경은 1000미터가 넘을 수도 있는 것이다. 그 바람에 간접역세권의 영향력도 무시할 수 없는 지경에 이를 수 있는 것이다.

직접역세권과 간접역세권의 입장 차이는 크다. 직접역세권이 부모라면 간접역세권은 자식을 의미하므로. 직접역세권이 간접역세권을 분만, 생산하는 셈이다. 직접역세권의 생산능력여하에 따라 지역가치가 달라질 것이다. 다만 그 반전과정에서 거품수준이 비정상적이라면 정상적인 역 효과를 고대하기는 힘들 것이다. 거품 이후의 모습은 허망할 뿐이다. 떴다방이 만든 프리미엄의 환금성이 낮은 이유다. 가격상승의 이슈정도가 지속적일 수 없다. 가격이 단절된다. 거품의 광풍이 그만큼 위험한 것이다. 직접역세권의 기준은 '500미터 내외'가 아닌 '5만 명 이상의 유입인구'가 되어야 안전한 역사구도를 그릴 수 있을 것이다. 외형보단 내실과 실속에 신경 쓰도록 노력하자는 뜻에서 강조한 수치인 것이리라.

유입인구가 곧 주거인구로 승화될 때 비로소 진정한 역사 가치를 인정받을 수 있는 기회가 찾아올 것이다.

역효과(驛效果)가 역효과(逆效果) 나는 건, 용도지역의 불변이 아닌 인구의 불변이다. 역세권이 형성되었지만 오랫동안 비어 있는 부동산이 증가하고 있다면 거품 혹은 역사 위치와 입지에 문제가 있는 것이다. 불요불급한 역사개발현상과 현장이 의외로 많다. 물론 가격상승효과만은 타의 추종을 불허한 지경.

요컨대 역사개발효과에 대한 연구는 녹지, 맹지, 악산 등 원형지 위치와 입지가 제대로 설정, 선정되었는지 그것부터 인지하는 게 순리일 것이다. 즉 대자연의 위치가 중요한 것이다. 대자연 가치는 두 가지로 분출되는데 하나는 보전가치, 다른 하나는 개발가치다. 역사개발대상지는 상업지가 아닌 대자연의 일부인 맹지, 그린벨트, 녹지공간 등 규제 속 부동산이므로.

경기도 양평군의 9개 역사 중 만족스런 역사는 얼마나 될까? 광대한 대자연을 상대로 한 개발경쟁은 늘 뜨겁다. 입지 따라 상황이 다르나, 유동인구의 다양성이 직접역세권을 만드는 주원료가 될 수는 없다. 유동인구를 위한 편익공간의 힘보단 주거인구의 생활편익시설의 생명력과 지속력이 더 강화될 수 있기 때문이다. 안정적이다. 하수들은 역사의 속성(실수) 대신 외형(허수)에 지배 받는 사람들이다. 용도, 지목 등 외형에 집착하지 말아야 하는 데 말이다. 착각하지 말라. 신분당선 광교중앙역의 경우 지목은 임야이지만 주변용도는 다양하기 때문이다(일반상업지역 + 제3종 일반주거지역). 지구단위계획구역으로 택지개발예정지구이다. 상현역 주변 역시 지목은 밭 상태이지만 용도 역시 당당하다. 일반상업지역에 택지개발예정지구로 설정된 상태라서다. 청계산역 일대 역시 논과 자연녹지지역으로 구성되어 있지만 현 상황은 지구단위계획구역으로 설정되어 용도가치를 극대화 할 수 있는 지경. 양재시민의숲역 지목은 하천. 역시 지구단위계획구역으로 설정되었다. 입지가 좋다. 토지거래계약에 관한 허가구역으로 지정된 지경이다.

역세권 변수공부를 등한시한다면 착각과 패악에 크게 노출될 수밖에 없다.

역세권가치는 용도의 가치가 아니다. 인구의 가치다. 인구 자체가 아닌 '인구의 꾸준한 증가세'이다. 역세권이라는 대형공간은 인구의 흐름으로 미래가치를 평정 + 조율할 수 있을 것이다.

직접역세권에 대한 바른 이해 – 직접역세권의 반경 500미터보다 더 중차대한 사안이 있다. 역시 거리에 지배당하지 말자는 것. 중요한 건 인구의 구조다. 그 구조가 박멸한다면 역세권 운운할 필요가 없기 때문. 거리의 수에 지배 받는다면 인구의 수에 집중할 정서적 여유조차 없을 거다. 직접역세권 500미터에 신경 쓰는 자는 실수할 확률이 높은 사람이고 인구수의 필요성, 중요성에 집중도를 높이는 사람은 성공할 확률이 높다. 가령 유동인구수 500명 이상, 주거인구 500명 이상, 고정인구수 500명 이상, 고용인구수 500명 이상, 고령인구수 500명 이상… 이런 형태로 역세권을 접근한다면 성공확률이 거의 100%이다. 만족도가 높다. 투자자가 자신감을 갖고 접근할 수 있을 것이다. 직접역세권 반경 500미터의 토지가격이 평당 500만 원이라면 과연 그게 정상적인 가격일까? 거리와 가격이 반드시 정비례하는 건 아니다. 역 출구에 따라 가격이 상이하다. 직접역세권의 거리와 방향에 따라 인구 집중도에 변화가 일어날 것이다. 즉 역세권 부동산가격은 거리에서 발현하는 게 아니라 역시 인구수와 정비례하는 것이다. 출구마다 인구수가 다르기 때문에 역 공간에서도 가격이 다양한 것. 다 다르다.

유동인구 집중도가 높은 역공간이 있는가 하면 주거인구 집중도가 높은 출구가 존속한다. 공유한다. 유동인구 집중도가 높은 공간의 3.3제곱미터 당 가격이 외려 주거인구 집중도가 높은 역공간의 3.3제곱미터 당 가격보다 더 높은 경우도 없는 건 아니다. 상가 밀집도와 공실, 그리고 주거지역의 미분양 등과 연관 있는 이유다. 텅 빈 공간보다 꽉 찬 공간이 더 높은 가치를 인정받는 건 당연한 일이다. 당연한 논리다. 거리에 집중하기보단 공실과 미분양 등에 집중력을 보일 때 실수할 확률이 낮아지는 것이다. 전국적으로 주택이 남아도는 난개발시대에 반드시 필요한 덕목이리라.

05. 역세권 힘을 필요로 하는 이유

국토 균형발전이 절대 이루어질 수 없는 건 입지 조건 때문이다. 수도권 전철노선도는 존속하나, '비수도권 전철노선'의 조성은 불가능하다. 역시 입지지경 때문. 면적 대비 인구수가 많은 수도권 대비 비수도권의 인구밀도는 너무 낮기 때문이다.

서울특별시 내 역사 수는 전국을 지배하는 지경. 양적가치와 질적가치 모두가 높기 때문이다. 하나 수도권 내 시군 중 불요불급한 역사가 존속하는가 하면, 역을 필요로 하는 곳도 있다. 인구수와 증가속도 대비 역 수가 너무 적은 경기도 화성시가 그 좋은 실례라 하겠다. 평택의 경우 전철1호선 5개가 지나간다. 송탄역과 지제역, 진위역, 평택역, 서정리역 중 평택역 위력이 가장 크나, 나머지 역의 역할도 무시할 수 없다. 서해선 완공시점인 오는 2020년에 강해질 것으로 짐작돼서다. 일종의 역 여파로 역 간접효과도 무시할 건 아니다. 여파가 크다. 안산시는 8개 역이 지나간다. 서해선 4개역을 포함하면 총 12개 역이다. 높은 인구(744,356명) 수준과 무관하지 않다(2016년12월31일 기준). 인구규모가 경기도 31개 시군 중 6위를 차지하고 있다. 1986년 시 승격 당시(127,231명)보다 617,125명이 증가한 상태다. 양평군은 9개 역이 지나간다. 광대한 면적과 무관하지 않다. 이러한 상황을 바로 견지할 필요 있다. 역의 필요성과 잠재성을 말이다. 필요성과 잠재성은 비례하기 때문이다. 하나 중요성과 잠재성은 반드시 비례하지 않는다. 중요성 우위에 놓여 있는 게 바로 필요성이므로.

필요성은 타당성과 정비례한다. 그러나 중요성은 반드시 타당성과 정비례하지 않는다.

투자의 과정에서 투자자가 알아야 할 점 중 하나가 바로 안산시가 면적 대비 역사 수가 많은 이유와 양평군이 인구 대비 역사 수가 많은 이유다. 13개 역이 존재하는 남양주시는 면적도 광대한 편이지만 인구수준도 높다. 계속 증가세다. 신도시 투자자가 급증세다. 12개 역이 지나는 수원시는 면적 대비 인구수준이 높다. 123만 명을 육박한다. 인근 화성을 '작은 수원'이라고 강조할 수 있는 이유다. 화성시는 1개 역이 지나간다(병점역). 서동탄역은 행정구역상 오산시에 포함되기 때문이다. 화성시가 서해선 완공시점인 오는 2020년 이후가 기대되는 이유다. 인구규모는 남양주시와 거의 비슷하나, 역 수가 부족한 지경.

역세권의 희소성이 높다 할 수 있다.

서울인구보단 경기도 인구수준이 더 높다. 증가세 역시 서울보다 훨씬 높다. 서로 간 인구격차가 크나, 경기지역 역사 수가 계속 늘어날 것이다. 현재는 서울과 경기도 역사 수가 비교할 수 없을 정도로 격차가 크다. 그러나 갈수록 그 격차가 좁혀질 것이다. 경기도의 인구 다양성은 대단하다. 즉 활용성이 높아지고 있다. 적자신세와 활용도를 의심 받고 있는 경전철 역량은 어떤가. 경전철 유치지역의 존치상황은 어떤가. 인구 43만 명을 육박하는 의정부시 경전철은 보지능력이 부족한 지경. 100만 거대 도시 용인 경전철과 대비된다. 서울특별시의 경전철 하루 이용객은 60만 명. 그러나 사용자 대다수가 노인들이라는 점이 문제점이다. 노선이 아름다운 산자락(북한산)으로 포진된 지경이라 노인들에게 큰 인기다. 완공예정인 김포, 파주의 경전철 보지능력도 도마 위에 올라올 지경. 경전철의 능력과 일반철도 능력은 같지 않기 때문이다.

전체인구 65만 명의 천안시 역사 수는 총6개. 인구수준이 도청 소재지인 전북 전주시와 비슷하다. 강원도 대표도시인 춘천시 역시 충남 대표도시인 천안시와 같은 6개 역이 지나간다. 존재가치가 크지 않으나 시의 랜드 마크임엔 틀림없다. 물과 역이 공존한다. 공유 중이다. 춘천은 관광도시로서 명성이 대단하다. 일자리 창출이 힘든 지경. 젊은 동력이 수도권으로 이동하는 이유다.

국가는 입지와 상황에 맞게 역세권을 개발해야 할 것이다.

개인은 면적과 인구상황 등을 견제하지 않으면 안 될 것이다. 면적과 인구에 따라 부동산 등 시설물들이 입성하는 것이기 때문이다. 무조건 역세권이 형성된 곳이라고 해서 각종 시설물, 구조물, 공작물(교각, 터널 등), 지상물 등이 입성하는 건 무리다. 조건(처지)에 맞는 입성이 아니면 안 되기 때문이다. '입성'은 '입주'와 같은 의미가 아니다. 입주는 공간이 존속할 때 가능한 일이므로. 부동산에서 입성은 추상적 단어로 상용된다. 지극히 은유적 의미가 다분하다. 입주는 작은 그림을 그릴 때 상용되고 큰 그림엔 입성이라는 단어가 상용된다.

06. 역이 생기면?

역사가 이동하면(역사가 생기면) 부동산이 이동할 기세다. 기세등

등하다. 주변으로 세가 퍼진다. 그 이유는 간단명료하다.

1. 역과 동시에 가장 먼저 생기는 건 거품가격이다. 이미 계획 때부터 생기기 시작한 것. 역이 생겼다는 명분+상승요인이 생겼기 때문이다. 부동산 상승요인 중 아마 역사 발현의 명분이 가장 강하지 않나 싶을 정도로 역 개통과 연장 사안은 강하다.

2. 투자자가 생겨서다. 지상물이 생겨서가 아닌, 생길 예정, 계획이라서 다. 실수요자가 생겨서다. 그러나 이 명분은 약하다. 다만 모든 이들이, 특히 이해관계자들이 학수고대하는 사안일 것이다. 신도시 떴다방은 아파트 떴다방으로 요약할 수 있고 역세권 떴다방은 땅 떴다방으로 요약하는 실태다. 신도시 안에 역세권이 형성되는 현상이 매번 반복되기 때문이다. 결코 역세권 안에 신도시가 형성되는 건 아니다. 마치 원리원칙과도 같다. 역세권부동산의 특징은 역시 환금성이 높다는 것이다. 즉 공실률이 낮다는 것이다. 만약 공실률이 높은 현상이 일어난다면 그 이유는 두 가지일 것이다. 둘로 관측된다. 거품가격과 인구부족현상으로 말이다. 최악의 경우는, 인구가 부족한 상태에서 무모하게 대규모 아파트를 건설하여 거품가격으로 입주자 모집전선에 뛰어드는 것이다. 이런 일련의 과정이 미분양 굴레를 만드는 가장 강한 원흉일 것이다.

07. 역세권 잠재력이 공포의 대상인 까닭

역세권에 대한 정답은 없다. 변수가 만연해서 하는 말. 역세권에 대한 잠재력이 무서운 이유가 무엇인가. 변수의 다양성에서 그 해답을 모색하지 않으면 안 될 것이다. 변수의 다양성에 대한 기대감이 크다. 역세권 영역엔 정답이 없다고 말하는 게 옳은 판단일 것이다. 여느 역세권이건 기대감을 포기할 필요 없는 이유다. 지목과 용도, 개별공시지가 등 특별히 정해진 게 없다는 점이 강점일 수 있다. 기준선이 확실하지 않은 게 외려 유리할 수 있다. 용도 및 지목 등에 일방적으로 지배 받지 않는다. 용도, 지목 등이 고정인구와 반드시 정비례하지 않는다. 예외상황이 자주 벌어져서다. 창의적이다. 제대로 견지된 기획력이 필요하다.

경춘선 강촌역의 지목은 대지이며 용도는 계획관리지역, 그리고 개별공시지가는 60만 원을 호가한다. 그러나 현장감은 높지 않다. 토지이용에 대한 사안 하나로 투자가치를 논할 처지가 아니다. 실수요 공간으로 애용하고자 노력하는 편이 안전할 것이다. 상천역의 개별공시지가는 낮지만 계획관리지역에 주거개발진흥지구로 지정된 상태다. 청평역일대는 자연녹지지역이지만 개별공시지가 수준은 높다. 150만 원 이상. 대성리역일대는 접도구역으로 지정된 상태지만 계획

관리지역이다. 개별공시지가가 240만 원이 넘는다. 월계역은 자연녹지지역. 녹천역 역시 자연녹지지역이다. 하나 현장감은 높다. 녹양역은 자연녹지지역에다 개발제한구역으로 묶인 상태. 그러나 역시 높은 현장감을 자랑한다. 한 쪽에선 새로운 부동산을 건설 중이다. 경의중앙선 탄현역의 지목은 구거이나, 제2종 일반주거지역으로 개발공시지가 수준은 높은 편이다. 260만 원을 호가한다. 환승역 대곡역은 자연녹지지역에 개발제한구역, 그리고 농업진흥구역으로 지정된 지경. 개별공시지가가 150만 원을 호가하는 두정역일대는 자연녹지지역이다. 수원역은 준주거지역. 상업지역에 포함되지 않아도 개별공시지가 수준은 700만 원대. 비행안전 제5구역이다. (서울)시청역은 제1, 2종 일반주거지역으로 지정된 지경. 종로3가역 지목은 구거이지만 일반상업지역과 중심지미관지구이다. 인천1호선 동막역 지목은 잡종지다. 자연녹지지역이다. 종착역 국제업무지구역의 개별공시지가는 300만 원을 호가한다. 일방상업지역, 중심상업지역, 준주거지역으로 지정되어 있으나 현장감이 지극히 낮은 지경. 하나 시간이 곧 보약. 점진적으로 현장감이 높아질 것으로 기대 + 예측된다. 인천대입구역 역시 중심상업지역과 일반상업지역으로 지정된 상태지만 현장감은 높지 않다. 지식정보단지역도 마찬가지다. 개별공시지가는 200만 원을 호가한다. 긍정적인 면은 현장감이 급속도로 변화되고 있다는 점이다. 인천터미널역 지목은 공원이며 용도는 자연녹지지역이지만 현장감이 매우 높다. 문학경기장역 일대는 그린벨트 상태. 부평삼거리역은 자연녹지지역과 제2종 일반주거지역으로, 공익용보전산지로 지정된 지경.

이처럼 역세권의 변화속도와 역량, 그리고 현장감과 현재가치 등은 마치 럭비공처럼 이동반경을 예상하기 쉽지 않다. 변화무쌍하여 어디로 튈 지 예측이 힘들다. 이는 강점도 되고 단점도 되나, 기대감이 더 높다 할 수 있다. 나쁜 변수인 단점이 강점 중 하나인 좋은 변수로 변하는 일이 자주 발생 할 수 있기 때문이다. 역세권 범위도 변화무쌍하다. 진보적이다. 잠재성이 무궁무진하다. 역시 인구역할이 중요하다. 인구가 증가하면 역사 범위가 자연히 넓어져 역세권 반경이 새로 생긴다. 마치 신작로가 반출하는 양 말이다. 각종 화려한 건축물이 늘어난다고 역세권 범위와 반경이 달라지는 건 아닐 것이다. 공실 및 미분양현상을 배제할 수 없어서다.

08. 잘 나가는 역세권의 특질

유동 및 이동인구의 분포도가 광범위한 역세권지역의 경우, 상가의 존재감은 엄청 크다. 돈 이동범위가 사람 이동범위 버금갈 정도다. 그렇지만 주거지역의 인구는 삶의 질이란 측면으로 볼 때 물리적으로

나 행정적으로, 그리고 가치 면에서 그리 만족스럽지 못한 경우도 있다. 역과 근접하다 보니 매일 소음과 매연에 귀와 코가 괴로움을 당한다. 유동 및 이동인구가 늘어날 공산이 높다 보니 공익사업을 통한 확장개발을 할 공산 역시 높다. 강제수용대상이면 억울하다. 과거 거품가격에 매입했기 때문이다. 매수예정자는 가격적인 측면에서 부담되어 환금화에 어려움을 겪을 수 있다. 거품가격에 매입한 부동산주인이 손해 보면서까지 매도할 리는 만무하니까 말이다.

역세권반경을 숫자로 정해놓은 게 일반적이지만 반드시 한정 지을 필요 없다고 본다. 이젠 도심에 새로운 역세권이 출현하기는 힘들기 때문이다. 도심엔 개발할 마땅한 땅이 없다. 가용 토지 부족 때문. 신도시나 택지지구의 외곽지대에서 새 역사가 열리기 때문에 녹지공간이 넓어질 수 있다. 녹지가 환대 대상.

이는, 역세권 반경이 자연스럽게 넓어질 수밖에 없다는 의미다. 수치가 가치와 무관할 수도 있는 법.

서울 4대문의 역세권과 그 색깔이 확연히 다르다. 역과 역 사이의 거리에 따라 사정은 확연이 달라진다. 멀티역세권이나 환승역세권은 접근성과 유동성이 뛰어난 대신 거품의 온상으로 새로운 희생자가 발생할 수도 있다. 아무리 잘나가는 역세권이라도 역 출입구 사정은 제 각각이기 때문이다. 같은 역세권이라고 해서 다 같은 조건(예-거품가격)일 수는 없다. 같은 아파트 같은 동에서도 가격이 다른 것처럼 같은 역세권이라도 가격의 차별이 있을 수밖에 없다. 출입구 사정에 따라 상업지역으로 통하는 출구가 있을 것이고 주거지역 출구도 따로 있는 법이니까. 모든 출구가 상업공간으로 통할 수는 없다. 그런 부동산 구조는 없다. 용도 역시 각자의 직무와 임무가 있는 법. 활용범위와 가치 말이다.

녹지공간과 통하는 출구도 있다. 아무리 잘 나가는 역세권이라도 다 잘나가는 출입구를 보유할 수는 없다. 도시 개발 시 모든 공간을 상업공간으로 채울 수 있다는 용기는 사치다. 상업예정지가 난발하는 것도 문제! 물리 및 행정, 그리고 가치와 가격을 따져볼 때 역세권의 공간을 융통성 있게 활용+정독하는 게 현명한 판단이라 본다. 반경 500미터에 지나치게 제한을 두면 물리적, 행정적 제약을 받을 수 있다는 사실을 잊어선 안 된다. '지하철과 5분 거리, 2분 거리'에 예민할 필요 없다. 아무리 잘 나가는 역세권이라도 맹점은 있기 마련이다. 지하철이 5분 이상의 거리에 있다 해도 타 교통편이 있다면 큰 문제가 아니다. 역세권 환승센터 역할은 대단하다.

지하철에서 도보로 5분 이상 걸리는 곳이라 할지라도 타 지역과 연계시켜 줄 수 있는 타 교통수단이 다양하게 구축+구비된 상태라면 문제 없다.

• **역세권 분석방법** – 직접역세권의 힘이 역세권의 미래와 같은 보물, 보배라는 데 이의를 강력하게 제기할 사람은 없을 것이다. 그만큼 직접역세권의 역량에 따라 역사 개발효과가 다양한 각도로 분출할 수 있는 것이다. 그러나 직접역세권의 힘이 거의 전무한 지경에 놓인 역세권도 존재할 수도 있는 게 현실. 역시 사람의 시각차가 상이할 수 있지만 말이다. 수용방식이 여러 가지일 수 있다. 직무 유기하는 역사도 없는 건 아니다. 인구가 전무한 역사엔 직접역세권 역시 전무할 수도 있다. 간접역세권도 없을 수 있다. 직접역세권의 존재가치마저 위협 받는다면 말이다. 그러나 직접역세권의 힘이 너무도 강대해 간접역세권 범위가 만들어지기 힘든 경우도 있다. 종각역 일대나 강남역 일대가 이에 해당한다. 간접역세권이 설정되기 쉽지 않은 구조다. 워낙 직접역세권 힘이 커 간접역세권의 의미가 퇴색될 수밖에 없는 것이다. 지역입장에선 환영할 만한 일이다. 인구가 너무 많아 직접역세권과 간접역세권을 구분할 수 없다면 지역입장에선 행복한 일일 것이다. 소비문화가 팽배하여 지역경제에 큰 힘이 될 게 분명하다. 직접역세권의 힘이 너무도 방대한 나머지 권력남용과 직권남용을 의심할 지

경. 상황이 최악인 경우가 있다. 간접역세권이 전무한 경우도 있는데 이는 직접역세권 자체를 모색하기 힘든 경우일 것이다. 직접역세권 역할이 무색하다. 지역사각지대에 나 홀로 정립된 역사 입지는 무용지물이다. 존재가치가 낮아 직접역세권 운운하는 것 자체가 무리다. 사치다. 한 지역의 인물이 애물이 되는 경우와 보물이 되는 경우가 있다. 인물이 애물로 변질되는 경우는 실업률이 높고 노숙자 수가 다수 차지한 경우다. 인물이 보물로 변하는 경우는 취업률과 고용률이 높은 경우로 노동자 수가 다수 차지하고 있는 것이다. 희망적이다. 긍정적이다. 한 지역의 '노동자와 노숙자'의 존재가치는 극과 극이다. 하늘과 땅 차이다.

역세권의 인물 – 노동력의 점화, 진화과정을 거친 상태에서 탄생한 결과물. 노동력은 잠재력을 낳는다.

역세권의 애물 – 노숙자 등 '고정인구'의 질적 가치의 저하에서 비롯될 수 있다.

09. 이젠 역세권도 개성시대

아파트를 성냥갑에 곧잘 비유하곤 한다. 개성이 없기 때문이다. 지루한 디자인이라 느낌이 없다. 불감증에 단단히 걸려 있다. 역사라고 다를까. 신도시역세권과 서울특별시 중심가의 역세권만 환대 받고 있다는 느낌도 든다. 사람들이 집중 몰리는 이유다. 인구포화상태다. 개성이 없다. 분당선과 일산선도 개성이 없기는 마찬가지. 대규모 아파트단지와 역이 나란히 선 지세(자세)가 구태의연하지 않는가. 차별화된, 개성의 미(美)가 넘치는 역사개발이 필요하다. 다만 인구가 부족한 상태라면, 역 활용량과 사용량이 적다면 개성은 무의미하다. 무용지물이다. 역과 역의 간격이 넓은, 수도권 경의중앙선과 경춘선, 분당선 등엔 개성이 넘치는 곳이 존재하나 다양한 개성에 비해 인구의 다양성은 미미하다. 물론 분당선 일부구간의 경우는 다르지만 말이다.

종로, 테헤란로, 퇴계로 등과 다른 모형이다. 법적 역세권 반경이 무색할 지경. 종로, 테헤란로, 충무로, 퇴계로, 을지로 등지의 땅값수준이 높은 이유가 무엇인가. 이동인구 힘과, 전통과 역사를 자랑하는 역사의 힘 때문일 거다. 역세권 반경이 넓어서, 아니 역세권반경이라는 의미를 새롭게 쓴 경우라 하겠다. 역과 역 간격이 짧고 역 반경이 길 뿐더러 역 간 연계성이 깊기 때문. 종로는 종로구 세종로사거리에서 동대문구 신설동로터리(4.14km, 6~8차선도로)에 이르는 도로. 종각과 종로3가, 종로3가와 종로5가 간 간격을 보면, 역세권반경이라는 표현보단 역세권 위력이라는 표현이 적절하다. 역과 역 사이 유동인구 이동량이 차량이동량 버금가서다. 인구이동량과 차량이동량이 동일수준을 보지한다. 테헤란로는 역삼동 강남역사거리에서 삼성동과 삼성교까지의 구간으로 이어지는 도로(3.7km, 왕복10차선).

　역삼역과 강남역 사이엔 사람 및 차량이동량이 넘쳐난다. 차도도 막히지만 인도도 막힌다. 기가 막힐 지경. 숨이 막힐 지경이다. 경제활동인구의 활동영역이 대한민국 최고다. 비수도권지역 주민들도 귀경한 지경. 수도권과 연계되는 교통수단이 다양하다 보니 경기지역의 대도시에서도 젊은 동력의 유입이 원활하다. 접근이 수월하다. 용이하다. 충무로는 중구 충무로 교차로에서 청계3가를 잇는 3차로 도로. 역시 역과의 거리가 짧고 중국인과 일본인 등 동남아관광객들로 붐비는 공간이다. 퇴계로는 중구 서울역에서 시작하여 신당동 도로교통공단 사거리에 이르는 도로(4.7km, 왕복6차선). 을지로는 중구 태평로 서울특별시청에서 시작하여 중구 신당동 한양공고삼거리에 이르는 도로(왕복6차로, 3km). 충무로, 퇴계로, 을지로 역시 역과 역 사이의 힘이 강력하다. 맹렬하다. 대한민국 최고의 역사로 자리 잡고 있다. 그러나 서울 내 역사들은 개성이 없다. 수도권 경의중앙선과 경춘선 역사는 개성이 강한 편이다. 긍정적 시각으로 접근할 필요 있다.

물론 투자 가치는 미온적 !

그러나 뭐니 뭐니 해도 역세권의 개성은 외모와 외양이 아닌, 내실이 아닐까 싶다. 곧 인구의 다양성에서 개성을 찾는 게 해답일 법하다. 디자인 상태는 만점이지만 그를 알아줄 만한 인구상태가 빵점이라면 아무 의미 없기 때문이리라.

• **역세권 힘이 거대한 이유** – 역세권 파워가 큰 이유는, 국토를 분류하는 경우(방도) 중 하나가 바로 '역세권과 비역세권'이기 때문이다. 역세권의 특징은 지역위치에 따라 판이하겠으나, 희소가치가 크다는 것. 자연을 모토로 개발한 역사와 도시를 모토로 개발한 역사로 분출하나, 고유의 성질을 고수할 수 있다. 즉 자연의 가치건 도시 가치건 그 희소가치가 높다는 면에선 동일하다. 자연의 가치가 무조건적으로 낮은 건 아니라는 것이다. 역세권 대비 상대적으로 비역세권의 힘의 위력이 낮은 건, 저평가 때문. 인구에 관한 관심도와 집중도가 낮다. 실패한 역세권이 없다고 말하는 이가 의외로 많다. 맞는 말이다. 그럴 수 있는 이유가 분명하므로. 역세권만이 가질 수 있는 고유의 성질 때문이다. 역세권의 가장 강력한 특징은 바로 가격수준이 높고 반드시 거품을 동반한다는 점이다. 이를 어기는 경우는 단 한 번

도 없다. 가격수준이 낮은 경우는 없다. 역세권은 개발계획 등 그 소식이 발현할 때부터 거품이 주입되기 마련이므로.

직접역세권 – 큰 거품이 주입되기 마련
간접역세권 – 작은 거품이 주입되기 마련

그러나 간접역세권에도 큰 거품이 주입되는 경우의 수, 즉 변수가 발현할 수 있다. 역세권의 위대함에 대해 경의를 표할 수 있는 대목. 큰 거품과 작은 거품 사이, 즉 직접역세권과 간접역세권 사이에서 잠재성을 견지하는 자도 있을 법하다.

역세권에 관한 브랜드가치 – 거품가격수준이 높다. 예컨대 잠실나루역과 잠실새내역이 이에 해당할 수 있다. 강남3구 중 하나인 '잠실'의 위상이 만만치 않은 대목. 브랜드가치를 대변할 수 있는 이름이 그 지역 랜드 마크의 일부분일 수도 있다는 생각을 한 번 해본다.

실패자의 특징 – 거품을 구입했다는 것

역세권부동산은 가격이 떨어지기 쉽지 않아서 역세권투자에 실패하기 쉽지 않다. 이 역시 역세권의 특성 중 하나일 수 있다.

거품은 투자 대상이 아니다. 거품은 치유의 대상일 수 있기 때문이다. 거품은 거래를 막는 만성질환이다.

Chapter

05

·

역세권투자 성공사례

05

역세권투자 성공사례

01. 용도지역의 가치에 집착하는 바보가 되지 말라

땅 가치의 크기를 수치화 해놓은 것 – 땅 가격

부동산의 미래방향을 동산화 시켜놓은 것 – 부동산가치

부동산의 하드웨어(예–원형지)상태를 수채화 시켜놓은 상태 – 개발

조감도

무궁무진한 부동산가치를 구체화 시켜놓은 것 – 가격(시가, 시세)

가치와 가격의 차이점 – 가치는 부동산주인이 인위적으로 만들 수

없지만 가격만큼은 다르다. 부동산주인의 영향력이 크기 때문이다.

가격과 가치가 절대적으로 정비례 할 수 없는 이유다(가치 수준은 1인데

가격은 그 이상인 경우의 수도 다반사). 무가치한 부동산은 존재할 수 없다. 대자연의 존재에 관한 가치평가를 함부로 할 수 없기 때문이다. 존재가치 0인 경우의 부동산은 없는 것이다.

존재가치의 예) 건폐율60%의 제2종 일반주거지역

대자연 속에도 건폐율이 존속하는데 이는 인간이 조율해놓은 선물이다. 가격발생의 원흉이다. 대자연의 가치(이치)를 수치화 시켜놓은 게 바로 '용도'인 것이다(용도지역). 이 역시 인위적으로 만들어놓은 것이다. 자연스럽지 않다. 옛날엔 건폐율이 없었다.

용도지역의 의미(정의) – 그 자체로선 명성도, 지명도를 높일 수 없다. 입지, 위치가 뒷받침 되지 않으면 안 된다. 입지, 위치가 중요하다. 대자연의 한 부분이기 때문이다. '용도지역' 하나로 부동산 미래가치를 견지할 수 없는 것이다. 용도의 성질이 곧 미래인 것. 성질은 입지, 위치와 상관있다. 마치 큰 도로가 작은 도로와 연계되듯 말이다.

용도와 지목 관계 – 불가분의 관계지만 역시 정비례 하지 않는다.

28개 지목 중 도로가 포함되어 있는 이유 – 땅은 지목과 지목의 연결 상태를 보지한다. 그 연결 관계로 이루어진 것이다. 도로가 크고

작은 필지와 필지 사이를 연결시켜주는 중차대한 역할을 하고 있는 것이다.

도로는 부동산과 부동산을 연결시켜주고 사람과 사람을 연결시켜준다. 차도와 인도가 지역의 활력소다. 용도지역과 용도지역을 연결시켜주는 역할을 도로가 하고 있는데 이는 도로가 부동산의 효자노릇을 톡톡히 하고 있다는 증거다. 즉 관리지역과 농림지역을 연결시켜주는 역할을 도로가 하고 있는 것이다. 도로가 없다면 용도지역의 가치 차별화, 다변화가 미약할 수밖에 없다. 도로는 한 지역의 부동산(들)의 정체성을 구체적으로 표현(표출)한 잣대. 도로의 역사가 길기 때문이다. 길은 어엿한 대자연의 일부분이기 때문이다.

부동산(지상물, 시설물...)은 길 발견 이후에 생성+파생된 것이다. 즉 부동산의 강렬한 재료가 바로 길인 셈. 길 사용량, 이용량과 부동산 활동량은 정비례한다. 개발 시 도로의 중요성과 필요성을 강조하는 이유다.

부동산 관련 서류 중 가장 중요한 게 지적도이다. 토지이용계획확인서의 동산화, 미래를 관철할 수 있는 중요한 서류이기 때문이다.

용도지역은 위치의 노예. 일방적인 지배를 받을 수 있는 처지다. 역세권과 용도지역의 변화의 물결은 크다. 예상할 수 없는 큰 변수다. 용도지역이나 지목 하나만 바라보지 말라. 분위기를 보지 않으면 안 된다. 용도지역 하나를 본다는 건 마치 현장답사과정 중 땅 자체 하나만 보는 경우와 같기 때문이다. 전체적인 분위기를 바라보는 게 중요하다. 그 분위기 안엔 인구의 증가상태가 포함되어 있다. 인구는 길 따라 이동한다. 부동산 따라 이동하지 않는다. 부동산 분위기를 반전시키는 신작로의 일부가 바로 역세권이다. 역세권은 길의 대명사다. 용도변환이 수월한 이유다.

02. 진정한 성공인과 반쪽짜리 성공

진정한 성공자의 모습 – 돈과 건강 모두 잘 관리한 모양새(돈의 활용도를 극대화 할 수 있는 상황).

반쪽짜리 성공 – 정신건강이 낙후된 상태의 돈 부자. 돈은 있으나 건강을 잃은 상황(돈을 써보지도 못하고 죽을 가능성이 농후하다).

돈과 건강의 공통점 – 철저한 관리가 필요하다. 지속력이 관건. 그게 중요하다. 중요도는 건강이 압도적 우위에 있다. 돈과 건강이 반드시 정비례하는 건 아니다.

  돈은 권력과 관련 있을 수 있지만 건강은 생명력과 관련 있다. 돈을 잃으면 인생의 일부를 잃은 것이요 건강을 잃으면 인생의 전부를 잃은 것이라고 하지 않는가. 죽은 돈은 다시 살릴 수 있지만 죽은 사람은 다시 살릴 수 없다. 늙은 돈은 다시 젊음과 생기를 찾을 수 있는 기회가 있지만 늙은 사람에겐 그게 전혀 없다.

  건물과 건강 – 관리와 견제가 필요하다. 세월이 흐를수록 그 힘이 미약해지기 때문이다. 건물주인, 건강주인의 역할이 중요하다. 주인의 관리방법에 따라 수명과 나이가 정해지기 때문이다. 100년 이상 된 건물이 있다. 100살 이상 된 인물도 있다. 시대의 명물이다.

  잘못된 관리방법으로 건물이 미물, 애물이 되는 경우도 있다. 비정상적인 임대료가 문제다. 공실률이 높다. 잘못된 관리방법으로 건강을 잃는 경우도 태반이다. 지혜로운 건물주인은 인근 시세보다 저렴한 임대료로 공실률을 줄이고, 지혜로운 건강주인의 정신건강상황은 만점을 줄만하다.

  돈의 건강상태와 부동산의 건강상태 – 돈주인과 부동산주인의 정신상황에 따라 그 미래가치가 달라질 수 있는 것이다. 건강을 잃은 돈의 가치는 낮다. 존재가치가 낮다. 검은 돈이다. 반쪽짜리 성공인은 검은 돈의 주인이다.

03. 개발에 대한 성공과 실패의 실체

투자자입장에서 개발의 효과와 결과는 두 가지 측면으로 접근이 가능하다. 부동산개발 시 무조건 부동산만 다양하게 조성해놓은 것보다 더 중요한 게, 인구유입을 제대로 예상 + 예견하는 일일 것이다. 그 방도가 있다. 인근 시세 대비 저렴한 분양가가 필요하다. 사람 접근도를 높일 수 있는 방법이다. 개발지역엔 투자세력부터 몰리기 마련 아니랴. 최소비용을 따진다. 입성부터 프리미엄에 눈이 먼다. 또 하나는 개발입지(위치). 인근에 다양한 인구가 기생할 수 있는 대형공간이 있다면 인구 소생 가능성이 높다. 거품이 심한 그곳은 소멸대상지역이 될 것이지만 개발지역엔 인구가 소생하는 일이 벌어질 수 있다.

요컨대 개발 시 접근도 관철이 중요한데 인근 상황과의 접근도(물리적 접근)와 상식적인 수준의 적정가격으로 접근하는 것이다. 개발의 성공과 실패의 실체는 이 두 가지로 충분한 것이다. '인구'의 접근도를 높이는 방법은 가격과 가치, 이 두 가지에 만족도를 높이는 수밖에 없다. 하나는 상식적인 가격이요 하나는 인근 분위기(가치)를 관철하는 것이다.

여기서 강조하는 분위기 역시 인구와 관련 있다. 인근 인구분포도를 보고 접근하는 것이다. 그곳보다 개발지역가격이 가치 대비 저렴한 수준이라면 그곳 인구들이 가만히 있을 리 만무. 투자가치에 관심도가 높아 개발지역에 접근도, 집중도를 높일 수 있을 것이다.

새로운 포기가 기회가 될 수 있는 법. 포기도 용기의 한 가지. 저렴한 가격에 접근하는 일은 거품지역에 사는 사람에게 필요한 덕목이다. 용기다. 새로운 기회다.

04. 가장 중요한(필요한) 투자가치

'배치'의 가치가 중요하다. 비싼 하이힐을 구입한 여성에게 기자가 물었다.

"이런 물건을 선택한 배경이 궁금합니다"

"배치구조에 맘이 끌린 것 뿐 입니다"

순간적으로 시각적으로 배치구조와 구두가치가 정비례했다는 배경설명. 즉 이 여성은 구두 자체보단 '전체적인 구도와 성질'에 가슴을 집중한 것이다. 그 강렬한 성질에 맘을 빼앗긴 것이다. 배치구도(디스플레이)가 생명이라는 말씀. 부동산 역시 이와 다르지 않다. 주변정세와 연계되는 부동산 배치구조가 생명이라는 것이다. 달라진 새로운 배치구조들이 바로 새 생명이라는 의미. 지속력과 잠재력과 직결되어 소중한 가치를 보증 받을 수 있을 것이다. 적재적소에 잘 배치된 용도배분이야말로 지역잠재력의 모토가 될 것이다.

'전체적인 분위기'가 시장을 압도한다. 지역명성도와 브랜드가치 역시 배치구도에 따라 질적 가치가 달라질 것이다. 정리정돈(정비, 재생과정)상태가 형편없다면 높은 가치가 순간적으로 하락하고 말 것이다. 모든 사안(사정, 상황)엔 순서가 있다. 순서는 순리와 다른 의미. 중요도, 만족도의 차이이다. 중요한 걸 우선 배치한다.

지역에서 가장 중요한, 즉 지역 랜드 마크가 우선 배치되어야 한다. 지역영향력이 곧 지역잠재력의 표상 아니랴. 순서가 뒤바뀐 상태라면 높은 가치를 인정받을 수 없기 때문이다. 지역 랜드 마크의 위치가 곧 미래가치인 것이다. 위치가 형편없는 지역 랜드 마크는 사치일 뿐이다. 가치의 최대 적은 사치다. 불요불급한 지경이므로.

랜드 마크 존재가치에 금이 가고 말 것이다.

05. 역세권의 권력을 모색하는 방도

부동산고수와 하수의 차이는 여러 가지지만 하수는 인터넷 '검색'에 집중하는 경우가 많다. 그러나 고수는 인터넷 검색으로만 끝내지 않는다. 검색 대신 사색의 시간을 깊게 갖는다. 검색이 성숙된 모습이 바로 사색(모색의 모태)이기 때문이다.

모색을 견지할 수 없는 자는 영원한 하수다.

역세권에서 모색할 부분이 있다. 역세권은 수치를 통해 가치를 표출, 표현한다. 단순히 역세권 용도지역(건폐율과 용적률)상태로 미래가치와 잠재가치를 관철할 수는 없다. 용도 위치가 곧 가치이므로. 예컨대 역세권 존재가치의 표현법은 두 가지다. 하나는 하수가 선택하는 것이고 하나는 고수 몫이다. 직접역세권 반경 500미터는 비현실적일 수 있다. 거리 대신 역시 인구에 집중해야 하므로. 이를 테면 직접역세권 반경의 인구가 500명이라면 비교적 구체적이라 실용적이다. 역사의 존재성보단 인구의 인간성을 중요하게 여기는 대목. 가치가 높다. 거리보단 인구에 집중하는 스타일은 고수의 형태다. 리스크가 높지 않다. 인구 없는 역사의 존재가치는 거의 0상태라서다. 역과의 거리가 가깝다고 해서 인구집중력이 높은 건 아니다. 입지가 관건이다. 입지는 접근성이다. 인구의 집중력을 높인다. 직접역세권 반경 500미터에 집중하는 것보단 직접역세권 인구 5000명에 집중한다. 이보다 더 좋은 호재가 있을까 싶어서다. 지역이슈거리임엔 틀림없다. 인구증가현상이 일어날 게 분명하므로. 거리의 수치보단 인구수치에 집중할 필요 있다. 향후 가치의 차이가 극대화 될 것이다.

빠른 기간 내에 역세권에서 큰 수익을 창출하고자 한다면 역세권 반경의 기준을 확실하게 정할 필요 있다. 역에서 1000미터 혹은 그 이상 떨어졌다고 포기할 건 아니다. 무조건 불리한 건 아니니까. 이를테면 서울 강남역의 역세권반경은 어마어마하다. 간접역세권이라는 말이 통용될 수 없는 사정이기 때문. 직접역세권과 간접역세권 구분이 없다. 역시 인구의 다양성 때문이다. 인구가 다양하여 주거, 고정, 유동, 이동인구 등이 꾸준히 증가한다면 직접역세권 반경을 별도로 정할 수 없다. 1000미터 그 이상 연장될 수 있는 경우의 수가 발생할 수 있기 때문이다. 역에서 200미터 떨어진 곳이 반드시 희망역세권이 아닌 이유다. 인구가 감소한다면 거리와 상관없이 직접역세권은 사멸되고 말 것이다(물론 거리가 가까울수록 인구가 급증할 수 있지만 그것이 절대적이라고 생각하면 안 된다. 거리 하나로 모든 걸 판단하면 안 된다). 즉 역세권 가치와 직접적으로 연관 있는 건, 거리와 부동산의 수보단 역시 인구수와 '인구의 변화속도'(전철의 속도감과 관련 있다)이다.

따라서 거리가 가깝다고 혹할 필요 없다. 각종 편익시설물이 다양하다고 해서 역세권 미래가치가 높은 건 아니다. 편익시설물의 다양성 대신 필요성, 즉 인구의 다양성에 초점을 맞추어야 한다. 그게 해답이다. 노하우다. 부자로 가는 첩경이다.

• **토지공부가 중요한 이유** – 역세권지주가 건물주 될 확률은 높을 수 없다. 높은 환금성 대비 역세권투자과정 중 의외로 시행착오 발생 확률이 높을 수 있다는 것. 역세권지주가 건물투자를 할 땐 주의할 점이 있다. 역세권 건물의 위치가 중요한 것이다.

건물 위치가 중요한 것이다.

토지투자에서 인지할 위치의 중요성을 참고하지 않으면 안 될 것이다. 토지투자 시 인지했던 점을 상기하여 그대로 적용하면 그만인 것.

역세권지주가 건물투자도 성공할 수 있는 이유 – 토지투자 시 '위치' 공부가 제대로 정립될 수 있었기 때문이다.

부동산의 유일무이한 미완성물인 토지 공부가 중요한 까닭이다. 토지공부가 제대로 된 사람은 타 종목 투자에도 자신감이 발효된다. 자신감 있게 접근한다.

토지는 모든 부동산의 재료. 근간이다. 기초다. 기초가 부실한 상태에선 타 종목에 투자를 하는 건 불안하다. 준비가 안 된 상태에서 42.195km 마라톤경기에 참여한다는 과욕과 같아서다. 도중 심장마비가 일어날 것이다.

과거 아파트투자에 성공한 자가 토지투자를 한다면 투자성공률이 높다고 말할 수 없다. 그러나 토지투자 성공자가 만약 아파트 투자전선에 입성한다면 실수할 확률은 높지 않을 것이다. 그만큼 부동산에 관한 기초가 튼튼해서다. 마찬가지로 토지투자 성공자가 건물투자전선에 입성한다면 실수할 확률은 높지 않을 것이다. 토지공부가 단단히 구축된 상태에선 토자투자 성공을 기원 + 보장할 수 있다. 안전모드다.

토지공부는 미완의 부동산을 공부하는 것이고 아파트나 건물공부는 완성물을 공부하는 것. 그 차이점을 바로 견지할 필요 있다.

06. 역세권정보보다 더 중요한 사안

투자자입장에서 명품역세권(역세권 멘토)을 추출, 추천하는 일이란 결코 쉽지 않을 것이다. 그건 성공여부와 직접적으로 관련 있기 때문이다. 투자자는 역세권 멘토와의 인연을 위한 과정을 '노크 + 체크 + 싱크(think)' 등으로 정하는 게 순리(유리)일 것이다. 투자자의 주도면밀한 접근이 필요하다.

싱크의 원조(원료) - 노크과정 및 체크의 완성도

괜찮은 역사 공간 안에선 다양한 가치 구조를 그린다. 다양한 가격이 분출할 수밖에 없다. 여러 사람들에게 동등한 기회를 부여할 수 있는 이유(여유)다. 인기와 관심도가 높다.

투자자가 투자지역을 선정하는 기준은 여러 가지. 개인적으로 기준이 다양하다.

(1) 역세권 그림을 보고 투자하는 경우(예측행위에 의존하다 보니 상상

력이 필요하다).

(2) 역세권 사진을 보고 투자하는 경우(현장감과 긴장감을 감지할 수 있다).

(2)를 통해 (1)의 상황을 반출하는 게 상례. 상식이다. (2)는 현재가
치지만 (1)의 상황은 미래가치(조감도)이므로. (2)의 상황은 서류(公簿)
를 통해 감지할 수 있다. 예컨대 지적도 상황을 말하는 것인데 투명성
면에서 그림보다 훨씬 앞선다.

성공한 역세권의 특징 – 잠재성이 높다. 실수요가치와 인구의 가
치가 높아서다. 가수요세력만 몰린다면 성공역사와는 무관할 것이다.
만족도가 낮은 역사는 실수요가치가 낮다. 실수요인구인 주거인구들
이 생활에 불편함을 호소할 수 있기 때문이다. 만족도 높은 역세권 투
자를 위한 방편 중 한 가지. 개미투자자들의 숙성된 주변정리가 필요
하다. 급선무다.

역세권 주변상황 – 도시의 특성을 견지할 필요 있다. 일자리+놀자
리+잠자리 등을 구비한 지경이라면 최고 가치를 구가할 수 있다. 노
동력(고용인구), 관광인구, 주거인구 등의 자리다툼이 심하다. 그 통에
경쟁력이 높아질 것이다. 지역경쟁력은 잠재력으로 승화될 것이다.
자연스럽게 말이다.

역세권과 대단지는 당연한 구조다.

1. 주거단지(그 주변에 상업 활동공간이 필요할 것이다)
2. 공업단지(여기도 마찬가지로 상업공간이 필요한 지경)
3. 관광단지(역시 마찬가지)

주거지역(공간), 녹지지역(공간), 공업지역(공간), 상업지역(공간)의 존재가치가 잠재가치로 승화되는 대목.

상업시설은 주거인구, 고용인구인 고정인구, 유동인구인 관광인구에 의거해 공실 우려를 말끔히 청산할 수 있을 것이다. 상업지역의 희소가치가 발휘되는 순간이다. 상업지역은 2%도 채 안 된다. 희소성이 높은 이유다. 역세권 부동산이 상승하는 이유는 주변의 변화 때문. 예컨대 도로의 변화, 주차공간의 확대, 그리고 버스, 택시 활용도가 높아진다. 타 교통수단과의 환승을 필요로 하는 인구가 증가할 수 있기 때문이다. 주변과의 연계는 반드시 필요한 사안. 대규모 아파트단지 등 주거시설물과의 연계 때문이다. 도로 사용량이 증가한다. 인근의 두절현상은 가치하락을 의미하므로.

역세권의 가치와 범위는 반드시 두 가지로 관철된다.

1. 자연의 가치 – 시간이 흐를수록 가치가 높아진다. 개발대상으로 낙찰 받을 수도 있으므로. 그리고 개발지 인근의 자연의 가치는 변할 수밖에 없기 때문이다. 부동산의 특성 중 하나인 접근성이나 연접성의 영험이 대단하기 때문.

2. 도시의 가치 – 시간이 흐를수록 지역가치가 늙어간다. 낡아빠진다. 마치 이빨 빠진 호랑이처럼 힘이 빠진다. 종이호랑이로 변절된다. 전락한다.

1과 2의 공통점 – 희소가치가 높다. 하나는 개발의 가치, 하나는 보호가치가 높은 것이다.

도로의 특성 – 도로에 관한 완료상황은 없다. 연장되는 경우의 수가 부지기수라서다. 도로 변수는 최고다. 예측불허다. 철도라고 예외일까. 철도 역시 변수가 최고다. 그러나 건물은 다른 의미를 내포한다. 완성품이라는 특성 때문. 생산품 의미를 내포할 수도 있다. 전철이 완공되었다면 그때부터 새로운 가치가 발현하기 시작할 수 있다. 연장선이 생긴다는 건 새로운 개발의 시작을 의미한다. 예컨대 지하철4호선과 남양주시가 연결될 예정인 진접선의 미래가치는 높아질 것이다. 4호선 연장으로 4호선 일부구간과 남양주일부지역에 급격한 변화가 예고되는 상황. 괜찮은 기회가 찾아올 수 있다. 특히 남양주시

일대에 혁명과도 같은 거대한 변혁을 예고할 수도 있을 법하다.

공작물과 지상물의 차이(사이) – 하나는 완성도가 높고 하나는 완성도가 낮다. 하나는 접근성과 관련 있고 하나는 대중성과 관련 있어서다. 대중성은 완성도가 높다. 현재 상황이기 때문이다. 잠재성은 완성도가 낮으나 미래가치는 무궁무진하다.

서울의 역세권 답사 기준 – 인구가 다양한 곳을 선정한다. 서울특별시는 접근성과 대중성 모두가 높기 때문이다.

역세권의 색깔(특성) – 인구색깔과 정비례 한다

예) 미아사거리역의 인구색깔 – 유동인구가 다양한데 이는 다양한 편익공간의 존속과 관련 있기 때문이다. 주거인구 역시 다양하다. 그러나 고용인구의 다양성은 미흡하다. 일자리가 충분하지 않다. 강남지역과 대비해서 그렇다는 것이다. 강남지역주민이 강북지역으로 노동력을 발휘하는 경우보단 강북사람들이 강남으로 노동의 에너지를 발산하는 경우가 훨씬 많아서 하는 말이다.

07. 수도권에 투자자가 집중적으로 몰리는 이유

국토 불균형현상이 계속 이어지는 건, 여러 가지 이유가 있을 수 있지만 여전히 탁월한 조건의 수도권 입지 때문일 것이다. 입지조건이 업데이트 되고 있다는 점 역시 포기할 수 없는 지역희망이다.

수도권지역에 투자자가 급증하는 이유(상대적으로 지방 투자자는 급감세)가 바로 국토균형발전을 저해하는 요인인 것이다. 수도권지역에 투자자가 급증하는 이유 중 잊어선 안 될 점은 수도권은 비수도권 대비 인구밀도가 높다는 점일 것이다. 전철역세권이 잘 구비, 구성되어 있어서 일 것이다. 체계적이고 조직적이라 도로의 일부인 철도가 진보할 수 있다. 무엇보다도 수도권은 성공한 역세권이 다양하게 분포되어 있다. 성공한 역사를 따라 앞으로 생길 신설역세권에 대한 기대감도 높다.

수도권 특히 서울에서 자주 일어나는 좋은 변수다. 특히 비수도권과 연계되는 서해선에 대한 기대감이 매우 높다. 서해선은 수도권과 비수도권을 연결하는 매개역할을 단단히 할 게 확실하기 때문이다. 비교적 완성도는 낮으나 국토균형발전의 초석, 핵심이 될 수 있다고 본다. 수도권 역사 중 강남지역에 포진되어 있는 역세권은 강력한 권한을 행사하고 있다. 강남지역의 역사는 숫자와 상관없이 질적 가치는 전국최고수준을 자랑한다. 존재가치 뿐 아니라 잠재가치 수위도 최고수준에 여전히 도달해 있다. 가치는 차치하고 가격만큼은 세계최고수준을 자랑한다. 강남이 대한민국 대표적 부동산성지로 그 힘이 큰 건, 길(도로) 역할이 지대하기 때문이다. 강북 대비 강남의 도로는 넓고 평온하다. 평탄하고 성능이 좋다. 기능성이 다양하다. 잠재성 중 하나인 가능성도 마찬가지. 도로의 기능성이 뛰어나다 보니 가능성도 높다. 전철 힘이 곧 강남의 힘인 법.

체계적인 구조의 전철들이 강남 힘을 대변한다. 대신한다.

강남지역역사의 특징 – 성공하지 않은 역사가 없다. 대한민국 모든 역사의 멘토인 까닭이다. 강남4구가 5구로 변할 수 있는 힘이다. 갈수록 높아지는 이수역과 강변역의 존재가치가 그 좋은 예가 될 것이다. 이런 식이라면 강남4구에서 5구로 세가 확장될 날도 머지않아 보인다. 흔한 경우는 아니나, 역세권지주가 건물주가 되는 성공사례도 기획부동산이 난립하는 강남지대에서 발견되곤 한다. 흔하지 않은 건 개별적으로 끈기와 인내력 부족 때문! 아름답게 기다릴 필요 있다. 10년 이상 기다릴 수 있는 용기와 패기가 팽배하거나 인구가 급증하는 환승역세권에 투자한 경우라면 건물주 될 확률이 높다고 본다.

범례) 땅을 통해 번 돈으로 집(강남아파트) 대신 소형빌딩을 선택한다. 소형빌딩을 통해 집을 마련하겠다는 용단 때문. 하우스푸어는 존재하나, 빌딩푸어는 좀처럼 만나기 쉽지 않다. 빌딩푸어는 없다고 본다. 빌딩푸어가 있을 수 없는 건 시세차익뿐 아니라 임대수익까지도 보지할 수 있기 때문일 것이다. 다양성이 곧 잠재성으로 발화되는 것. 경매빌딩만 수집하는 빌딩부자도 없는 건 아니다.

역세권지주가 건물주 꿈을 갖는다면 사고부터가 남다르지 않으면 안 될 것이다. 역세권토지에 관한 부정적 관념부터 타파하는 것이다. 등기에 관한 의미부터 잘 견지할 필요 있다.

범례)

토지 – 지분등기

건물 – 구분등기

역세권지주가 건물주로 변신할 수 있는 확률과 사례는 둘

1. 싼 땅을 잡아 그 자리에 직접 지주가 건물을 올리는 경우와 2. 싼 땅을 통해 큰 수익을 얻어 그 돈으로 지주가 건물을 직접 구입하는 경우

또는 선조 땅이 수용되는 경우.

토지보상비로 소형빌딩을 구입한 전직 야구해설가도 있었다. 인내와 끈기를 통해 얻을 수 있는 축복, 큰 선물인 셈. 나중에 그 건물을 처분해 지금은 건물주가 바뀐 지경이지만 말이다. 선조 땅 팔아 그 수익으로 사업전선에 뛰어든 자보다 건물투자를 결정한다면 수익과 이익 면에서 선두를 달릴 수 있을 법하다. 안전성이라는 측면에서 유리하다. 사업에만 정진+매진할 수는 없다. 차제에 차선책으로 토지투자의 필요성을 제대로 인지해야 할 것이다.

수도권 힘이 계속 커질 수 있는 원동력 중 하나.

다양하게 펼쳐질 철도(길)의 존재 때문이다.

1. 동서고속화철도 ; 춘천~화천~양구~인제~속초를 통과하는 단선철도노선으로 총길이는 93km이다. 공사기간은 2019년에서 2024년이다. 이 노선은 기존 경춘선과 인천국제공항철도를 직결 운행한다. 역 효과는 속초역에서 서울 용산역까지 1시간15분 소요되는 것이다.

2. 경기도 이천시 부발역에서 시작해 충북 충주역을 거쳐 경북 문경역까지(94km) 도달하는 중부내륙선은 오는 2021년 완공된다. 역 효과는 문경에서 서울 강남까지의 소요시간이 1시간30분이라는 것.

3. 예비타당성 조사를 통과한 장항선복선전철은 아산 신창역과 익산시 대야역을 연결하는 복선전철(2022년 완공)이다. 역 효과는 홍성~화성을 잇는 서해안복선전철과 소사~원시, 소사~대곡선이 모두 연결될 예정이다. 아산에서 서울까지 1시간 이내, 부산에서 서울까지 2시간 이내 도달이 가능하다.

08. 성공 역세권, 실패 역세권

성공한 역세권과 실패한 역세권을 구분할 수 있는 능력은 절체절명의 땅 투자자들에게 필요한 힘이다.

성공한 역세권은 인구가 다양하여 가격구조도 당연히 다양할 것이다. 투자자 역시 다양할 수밖에 없다. 거래량이 증가한다. 소액투자자와 고액투자자가 공존한다. 마치 젊은 인구와 노인인구가 한 공간에서 함께 공유하는 양 말이다. 그러나 소액투자자가 훨씬 많다. 고수보다 하수가 훨씬 많은 지경. 물론 고수라고 해서 반드시 고액투자자는 아니다. 소액으로 움직인다고 무조건 하수로 치부하는 건 무리라는 말이다.

실패한 역세권은 인구분포도가 단순하나, 역세권이라는 이슈+이유 하나로 거품가격이 주입된 역세권이다. 거품수준이 상당히 높아 외부적으로는 만족도가 높을 것이다. 거래량 감소가 우려된다. 역세권부동산에 공실률이 높거나 미분양현상이 일어나는 건 가격거품 때문이다. 거품은 거래를 방해하여 사람들 접근을 적극 막는다. 역세권 개발효과는 공포의 대상일 수 있다. 개발의 타당성이 기준에 따라 정해진 상황이다. 가령 부동산의 용도변경보단 인구 변화에 집중하는 것이다. 용도변경 이후에도 인구 변화가 없는 경우도 다반사이므로. 인구의 변화가 용도의 변화보다 우선인 이유는, 용도가 변했다고 해서 인구가 당장 급증하는 건 아니기 때문이다. 마치 지목변경이 된 땅에 갑자기 예비지주가 급증하는 게 아닌 것처럼 말이다. 사람의 가치 기준을 돈에 두지 않고 잠재력에 두어야 하는 것처럼 부동산 역시 잠재력에 집중할 필요 있다. 수익성(돈)은 잠재력이 발현했을 때 발견되는 하늘이 내려주는 소중한 선물일 테니까.

• **토지투자 실패자의 특징** – 투자자는 부동산의 특성과 더불어, 실패자의 특성도 알아차릴 필요가 있다. 투자자는 사전 피해방지와 방심을 방어할 수 있는 제어능력이 필요해서다. 실수요자가 필요로 하는 성격과 투자자가 가질 만한 성격이 공존한다. 중요한 건 서로 상이하다는 점을 제대로 관철하는 것이다. 구별할 수 있는 능력이 필요하다.

1. 기술(성) – 기능성이 높다(후천적 성격이 강하다).

2. 예술(성) – 잠재성과 가능성이 높다(선천적 성격이 강하다).

1– 자유를 허락할 수 있는 여유가 존재하지 않는다.

2– 자유를 허락할 수 있다. 여유와 자유가 같다. 가치가 같다.

장애인과 공인(유명인사)의 공통점 – 희소가치가 높다. 범민과 다른 특별한 성격을 지녀서다. 자연의 가치와 도시의 가치 역시 희소가치가 높다. 나름의 개성과 특성 때문.

'국토와 땅 투자처의 관계'는 세 가지로 점철된다.

1. 역세권에 투자하는 경우

2. 역세권 인근에 투자하는 경우

3. 역세권을 이탈한 곳에 투자하는 경우

1– 직접역세권

2– 간접역세권

3– 묻어두기 식 투자형태유지

접근성과 편익시설물과 인물(인구) – 서로 연계성을 보지한다. 높은 접근성은 편익성과 인간성과 관련 있기 때문. 편익성 등은 하드웨어상태지만 접근성은 소프트웨어다.

땅 투자자에게 필요한 기(기세) – 자연에 투자할 수 있는 용기와 끈기(땅 투자는 장기투자과정이므로).

결국 실패자의 실체는 사물의 성질을 제대로 견지+파악하지 못하는 데 있다. 핵심사안을 파악하는 것이 중요하다. 성공하는 방법과 더불어, 실패 안 하는 방법을 잘 인식할 필요 있다. 돈 버는 방법과 더불어, 돈 관리 방법을 잘 인식하는 양 말이다. 두 가지가 모두 중요하기 때문이다. 하나만 알면 실수확률이 높다. 성공에 관한 완성도가 매우 낮다.

09. 역세권문화와 부자가 향하는 길

부자가 되고 싶으면 부동산투자의 길을 가면 되지만(추상적인 접근방도) 역세권투자를 하지 않으면 부자가 될 확률은 확 낮아진다. 역세권의 특징부터 잘 조율할 필요 있다고 본다. 신도시역세권의 특징은 다양하지만, 필자 눈에 바로 비추어진 광경은 '모텔역세권과 아파트역세권'으로 분화된다.

무엇보다 모텔 모델의 다양화가 눈이 확 띈다. 아파트모델은 획일적이고 지루하나, 모텔 모델만은 다양한 디자인에 개성이 강하다. 획

일화에서 벗어나지 못한 아파트가 배워야 할 부분이 아닌가 싶다. 개성빵점인 아파트보다 모텔은 개성만점이다. 하나는 유동인구에 지배를 받는 상태지만 하나는 주거 및 고정인구에 직접적으로 영향을 받는다. 신도시아파트와 신도시 모텔(혹은 호텔)의 특징은 역세권 내에서 발현한다는 점일 것이다. 신도시는 모텔과 주거시설이 급증하고, 수적으로 열세이지만 오지 속에도 모텔과 주거시설은 존재한다. 단 주거시설은 미분양일 가능성이 높다. 아파트에 투자하는 분도 있지만 모텔투자자도 없는 건 아닐 거다. 공실률을 우려하여 유동인구가 많은 곳을 선택할 수밖에 없는데 이는 신도시 모텔 입지가 날로 높아질 수 있는 근원이 될 수도 있다.

부동산부자들이 인정하는 괜찮다 싶은 부동산의 기준 – '역세권반경 및 거리 〈 역세권효과'(미분양 및 공실상태를 정밀하게 진단+점검할 필요가 있는데 이는 인구의 다양화가 곧 부동산의 동산화+환금화를 적극 대변할 수 있기 때문이다)

부동산투자에 대해 공부하고 연구 분석하는 건 부동산을 바로 깨닫기 위한 준비과정이다. 깨달을 수 있는 즐거움과 기쁨이 곧 만족도 높은 투자를 할 수 있는 능력 아닌가. 부자들이 갖출 만한 소양이라 할 수 있겠다. 만족도 높은 투자가 성공투자의 길이다. 실패자들이 내

쉬는 한숨 속엔 늘 불만족과 불만이 섞여 있다. 투자하기 전에 준비과정을 제대로 밟지 않아서다. 만족에 관한 충분한 공부가 필요하다.

성공한 자의 특징 – 자신의 경제력을 잘 알고 있다는 것이다. 만족도를 잘 알고 있어 목표점을 바로 볼 수 있는 시각을 가지고 있다. 행복한 몸과 마음의 표정이 보기 좋다. 좋은 부동산의 기준을 이미 간파한 상태라서다. 부동산공부를 제대로 하지 않은 상황에선 절대로 만족 공부를 할 수 없다. 이는 마치 안전성 공부를 등한시한 상태에서 수익성에 관한 연구여정을 밟는 경우와 같아 무모하다.

실패자의 특징 – 자신의 처지와 조건을 모른다. 짐짓 모른 척 할 수도 있다는 게 큰 문제다. 전진만 고수하니 말이다. 만족도와 목표점이 보일 리 만무하다. 그들 눈엔 목표점이 마치 무지갯빛과 같아서다.

역세권투자자 중 부동산부자가 대다수를 차지하는 건 우연의 일치가 아니다. 공식이 존속한다. 그들은 완벽한 역세권공부를 했기 때문이다. 역세권이 조성될 때 가장 먼저 형성되는 것을 잘 알고 있는 사람들이 바로 부동산부자들이다.

'인구 〈 교통수단(타 대중교통노선–인구를 부르는 삐끼+미끼)'

부동산부자들은 역세권에 관한 만족도와 더불어, 부동산의 연계성에 대한 사안들을 잘 알고 있는 것 같다. 타 교통수단을 통해 역사 인근에 있는 주거시설 활용도가 높아질 테니까. 사람의 발 역할을 크고 작은 버스들이 하고 있다. 주연과 조연역할이 따로 떨어져 있지 않다.

주연은 역세권이요 조연은 버스 등일 것이다.

역세권이 완료된 상태에서 역사효과를 직접적으로 맛볼 수 있는 인구는 다양하지 않다. 직접역세권은 간접역세권 범위보단 크지 않아서다. 법적 보호 반경의 범위는 500미터이지만 이보다 더 작은 경우도 없는 건 아니다. 인구의 동력과 지상물의 힘으로 말미암아 그런 현상이 일어나나, 역시 인구역량에 의거해 역사범위가 정해질 수밖에 없다.

부의 상징물 – 부동산
부(자)의 상징(멘토) – 성공(자)
성공의 상징(멘토) – 부동산부자, 그리고 역세권에 대한 올바른 투자

여러분들은 부동산부자의 바른 정의가 과연 무엇이라고 보는가. 필자는 부동산부자는 과정의 선상에 놓인 자로 보고 싶다. 즉 진행 중

이라는 말.

부동산부자는 결과에 연연하지 않는 여유가 있는 자이다. 자유가 있다. 자유를 스스로 수시로 만들 수 있는 능력이 있다. 단단한 자유 하나가 또 다른 형태의 자유를 낳는다. 마치 긍정이 또 다른 긍정의 힘을 발효하는 양 말이다.

진정한 부자는, 방심은 금물이므로 지속성을 중요하게 여긴다. 부동산부자 중 가장 위험한 부자가 바로 벼락부자나 졸부이므로. 생명력이 짧다.

돈을 버는 것보다 더 중요한 사안이 바로 돈을 잘 관리하는 일 아닌가. 돈을 버는 방법이 진정한 인생 노하우는 아닐 것이다. 방심으로 위기가 찾아오는 경우가 의외로 많기 때문. 그러나 번 돈을 잘 관리하는 방법을 잘 알고 있는 상태라면 안전하다. 안심할 수 있다. 즉 부동산노하우란, 돈 되는 부동산과 인연을 맺는 방법 뿐 아니라 부동산과 돈을 관리(예-되파는 방법, 환금화방도)하는 방법 또한 제대로 견지하는 것이리라.

부동산 앞에 산적한 다양한 현안문제들 - 규제

문제가 곧 '규제'인 법.

이러한 난제(규제)를 지혜롭게 해결할 수 있는 자 역시 부동산부자이다. 조물주 위에 건물주가 있는 게 아니라, 규제 위에 부동산부자가 있다. 평소 규제공부를 숙지했기 때문에 가능한 시나리오다. 규제를 무조건 터부시 하는 하수와 다른 모습이다.

개발공부만 열중하는 하수는 규제에 무관심하여 규제에 접근조차 하지 않는다. 개발제한구역이라는 말만 들어도 기겁을 한다. 겁을 먹는다. 개발지역 특징을 바로 견지할 수 없어서다. 규제지역을 개발지역으로 선정하는 경우가 얼마나 많은가. 경제적 이익의 실천을 위한 노력인 것. 개발의 시발점은 최소의 경비로부터 발현하는 것 아닌가. 경제적 부담은 곧 정신적 부담으로 작용한다. 출발이 쉽지 않다.

역세권이 답이다, 란 책을 본 적 있다. 역세권투자자에게 힘이 될 만한 책이다. 역세권에서 해결점, 즉 해답을 찾을 수 있는 것. 그러나 역세권 형성 위치가 곧 가치라는 사실은 간과해선 절대 안 된다. 역세권 위치가 괜찮은 곳에서 답을 모색하라는 충고다. 위치가 안 좋다면 오답만 무성할 게 뻔하다. 부동산엔 정답이 없다. 대신 해답이 존재한다. 부동산부자에게 말이다.

부동산은 변수의 노예. 변수에 일방적으로 지배 받는 입장이므로. 해답이 존속할 수밖에 없다. 해답은 부동산노하우이기 때문이다. 노하우가 단 하나일 수는 없다. 역시 변수(예—시간, 장소, 위치…) 때문.

성공한 사람들의 부동산노하우가 다 같다고 볼 수 없다. 개성이 강하다. 정답이 없다는 증거다. 해답만 존재한다. 성공한 사람들의 일거수일투족 모두를 그대로 복제하면 안 된다. 자신에게 맞는 노하우에 열정을 쏟아야 한다. 모방을 제2의 창조라고 했던가. 뱁새가 황새를 복제할 수 없다. 가랑이(가정경제)가 파탄난다. 노하우(해답) 없이 무턱대고 따라 가단 대형사고에 직면한다. 성공자의 성공은 정답이 아니다. 역세권투자의 공식은 있지만 성공과 만족에 관한 공식은 존재할 수 없다. 인간은 개성을 중요시 여기는 고등동물 아닌가. 성공자의 해답이 정답처럼 보일 뿐이다. 만약 부동산부자에 정답이 있다면 성공과 성공자라는 단어는 이 땅에 존재할 수 없는 법이니까.

성공한 역세권의 특질 – 역세권 중엔 만족스럽지 못한 역사와 성공한 역세권, 그리고 이것도 저것도 아닌 어중간한 비범하지 않은 역사가 공존하는 게 현실. 그러나 세 번째 역사 상황은 포기 대신 연기를 선택하는 게 현명할 것이다. 역세권개발은 언제가 될지 모르나 개발계획을 수립할 수 있는 강한 힘을 필요로 해서다. 그게 순리다. 성공한 역세권의 특질은 확연한 편. 분명하다. 신도시지역에 집중하면 그만. 수도권 신도시엔 역사가 입성하는 게 철칙이기 때문이다. 원칙이다. 실패할 확률이 매우 낮은 이유다. 역세권의 조건과 신도시 조건, 택지개발(미니신도시구조)의 조건 역시 확연히 구분된다. 미니신도시엔 반드시 역사가 들어오라는 원칙은 없다. 택지개발이 난개발수준인 것과 무관치 않다. 급기야 일시적일 수도 있겠지만 택지개발촉진법폐지라는 극약처방을 가하지 않았는가. 설령 미니신도시급 도시에 역사가 조성된다 해도 그 효과는 기대와 다른 방향으로 흐를 가능성이 높다. 역세권의 조건이 무엇인가. 역세권 형성조건 중 역시 신도시나 미니신도시조성을 반드시 필수덕목으로 여기지는 않을 것이다. 역세권 종류가 단순한 편이 아니라서다. 역세권 변수 공부가 필요한 이유다. 개통된 지 수년이 지났지만 여전히 지역적으로 인구부족현상에 허덕이는 역사모형도 쉽게 발견할 수도 있기 때문이다. 역시 신도시는 반드시 역사를 필요로 하는 도시다. 만약 역사를 제외한 신도시가 정립된다면 신도시 위상에 먹칠을 가하는 꼴이 될 것이다.

신도시는 젊다는 특징이 있다. 신선하다. 신작로의 힘이다. 그중 철도 힘을 무시할 수는 없다. 그 위상이 대단하다. 주거단지 힘에 많은 이들이 투자자로 변신한다. 1기 신도시 대비 2기 신도시 위상은 그다지 높아 보이지 않아 우려감이 없지는 않다. 신뢰감 회복이 필요하다. 신도시의 필요성이 대두되는 이유다. 신도시 조성을 우려하는 건, 작금의 고령화시대와 무관치 않다. 젊은 인구가 급감세하고 있지 않은가. 신도시 위력이 예전만 못할 것이라는 우려를 씻기 힘든 이유다. 비어 있는 신도시의 미래는 어떤가. 실수확률 높은 신도시는 실수확률 높은 역사건설과 무관치 않다. 연계된다. 신도시의 특징이 변질될 수도 있는 법. 변수의 노예가 될 수도 있다. 인구의 다양성이 신도시 특징 중 하나다. 거대한 아파트단지의 조성 역시 신도시 특징이다. 미분양 없는 아파트 조성은 지역희망이다. 거품은 미분양을 야기할 수 있으므로. 여하튼 성공한 역사의 특징은 성공한 신도시모형을 필요로 한다. 닭이 먼저냐 달걀이 먼저냐, 갑론을박할 필요 없다. 닭(신도시)이 먼저이기 때문이다. 신도시는 성공한 역세권을 분만할 수 있는 힘이 있기 때문이다. 역세권형성과정 중 하나가 신도시의 일부분이다. 신도시 몸의 일부다. 신도시의 오른팔 역할을 역세권이 하고 있는 것이다. 물론 개성이 강한 역세권도 없는 건 아니다. 변수를 역시 무시할 수는 없다.

10. 역세권(을 살리는) 가치와 역세권(을 죽이는) 사치

성공인은 실패자의 특성을 잘 알고 있는 사람이다. 성공이 가능한 이유일 것이다. 과거의 실패자가 지금은 성공자로 변신한 경우도 있을 수 있기 때문이다. 투자과정 중 매사 실수할 확률이 당연히 줄어들 수밖에 없다. 자신감이 자연스럽게 발현하여 투자의 성공을 향해 질주한다. 추진력이 대단하다.

부동산투자에 성공한 자는 역세권공부를 확실하게 할 수 있는 능력자다. 과거 발자취를 돌아보았을 때 역세권신화가 곧 신도시문화와 직접적으로 연계되지 않았던가. 과거 신도시 및 미니신도시(택지조성) 안에 역사건설은 당연한 수순인 것. 개발의 필요성이 높아 가치가 날로 높아지는 것이다.

투자에 성공한 자는 역세권가치와 더불어, 역세권의 사치에 대한 사안도 정밀하게 체크할 수 있는 자이다. 역세권투자에 성공한 모든 이가 그렇듯 역세권가치에 대한 분석력이 완벽한 이는 역세권의 사치에 대한 연구과정도 이미 오래 전에 마친 상태다. 앞만 보고 달리는 하수와 달리 고수는 앞 이외에서 수시로 발생할 수 있는 여러 모형의 변수 흐름에 대한 사안도 견지하려든다.

역세권지역이 가치의 대상이 될 수도 있지만 사치의 온상일 수도 있다. 불요불급한 난개발지역이 그 좋은 실례가 될 수 있는 것. 지역 가치를 높여주는 역세권이라면 이는 지역보물이겠지만 지역가치와 상관없이 존재감에 의심을 받게 된다면 역사가 외려 지역애물에 불과할 것이다.

(지역보물과 같은) 향남역세권이 좋긴 좋은데 너무 비싸서 못 사겠다는 예비지주가 많다. 비싸다는 의식으로 말미암아 여러 차례 기회를 땅에 버린다.

역세권과 관련된 땅이 싸다면 그거 문제가 큰 것 아닌가?

가치 변화에 따라 가격이 상승곡선을 타는 건 지극히 정상적인 현상이다. 비싸다고 말하지 말아야 하는 이유다. 가치가 변하는 데 가격은 변하지 말라는 건 억지다. 일단 먹었다면 똥을 싼다. 세상구조이자 이치다.

우리나라 국토 사정상 싼 땅이 비싼 땅보다 훨씬 많은 이유가 너무도 다양하다. 물론 그 이유 중 역세권에 관한 게 안 들어갈 수는 없다. 택지 개념, 대지, 상업지와 주거지 개념 등 완성도가 높은 땅보단 농지나 임야 등 생지가 훨씬 많기 때문에 비싼 땅이 많지 않다. 비싼 게 희소성이 높은 것이다. 그렇기 때문에 투자자 입장에선 가치에 집중할 필요 있다. 가치공부가 절대적으로 필요하다. 비싸다고 무조건 손사래부터 칠 게 아니다. 비싼 이유부터 알아볼 정신적 자세가 필요하다. 기회를 잡기 위한 열정이다.

농지와 임야가 전체 면적에서 차지하는 비율이 무려 84%가 넘는다. 비싼 땅 찾기가 더 힘든 이유다. 난개발 속 미개발지가 개발지 대비 많은 이유가 될 것이다. 역세권지역보단 비역세권지역이 훨씬 많으니 당연히 희소가치 높은 부동산이 적을 수밖에 없다. 모색하기 힘든 이유다.

대도시 및 거대도시, 광역시의 전체적 넓이가 중소도시 대비 좁은 건 당연지사다. 대신 전체적으로 예비거대도시와 대도시를 희망하는 중소도시는 많다. 이로 인해 계획인구를 정하는 과정에서 무리수가 따르는 경우도 발생할 수 있다. 인구밀도가 높은 지역(수도권)보단 인구밀도가 낮은 지역(지방)이 훨씬 많은 것 역시 당연한 이치다. 비싼 땅의 희소가치가 높은 이유가 이처럼 여러 유형으로 유추+분출할 수 있는 것이다. 역세권거리에 지배 받는 자가 역세권투자자일 것이다. 거리는 위치와 무관하지 않다. 위치를 보고 투자하는 건 당연지사다.

접근성이 매우 중요하므로. 지상물과의 거리보단 인물(인구)과의 거리에 지배 받는다. 순리다. 비어 있는 부동산 역시 지역애물로 장기간 잔존할 게 분명하므로. 인구의 질적 가치와 양적가치를 분별할 만한 높은 변별력을 요구할 때가 바로 지금이리라. 연기하면 안 된다. 지금 알아두어야 할 건 연기의 미래가 곧 포기라는 사실이다. 습관적으로 하는 잦은 연기는 포기의 다른 말. 나중에 투자한다는 사람, 투자 못한다. 나중에 밥한 번 먹자는 사람, 역시 밥 함께 먹을 수 없다.

'인구가 다양한 곳과의 거리'와 '부동산 배치구도가 화려한 곳과의 거리'도 투자자입장에서 잘 견지해야 할 사안 중 하나다. 물론 전자에 집중해야 한다. 역과의 거리보다 역 관련 인구수에 지배 받는 건 모든 투자자가 겪는 홍역 과정이다. 여하튼 위치 선점이 잘못된 역사 모형은 사치스런 역세권이지만 그 반대의 경우는 역세권의 가치에 대한 존경심과 기대감이 영원할 수도 있다. 희소가치 높은 역세권의 땅이 단순히 비싸다는 이유로 무시당하는 건 절대 용납할 수 없다.

11. 역세권투자 시 주의할 점1

역세권투자 시 주의할 점은 한 두 가지가 아니다. 우선 거품가격에 주의를 기울일 필요 있다. 그리고 개발효과(인구효력)에 집중하지 않으면 안 된다. 효과가 미온적이라면 역세권지역에서 바랄 수 있는 인구의 다양성에 제동이 걸릴 수 있다. 만약 역세권을 중심으로 빈 공간이 많다면 그건 십중팔구 부실한 인구구조 때문일 것이다. 역세권 내 개발방식에도 주의할 필요 있는데 환지 및 수용방식을 절충할 만한 여건인지 정밀하게 분석해야 한다. 그런 여유의 공간(지역)이라면 잠재력을 기대할 수 있을 것이다.

　신도시지역 역세권에도 집중할 필요가 있는데 미니신도시 개념인 택지개발지구의 역사의 빈 주거공간이 문제점으로 비화될 수 있기 때문이다. 투자가치와 삶의 가치가 동시에 떨어질 우려가 크다. 삶의 가치가 높은 상태라면 인구증가에 관한 기대감도 높을 수 있으므로. 역세권 반경이 거리(500미터)에 의해 만들어지는 게 아니다. 역시 인구(인구 반경, 인구 영역)가 만들기 때문.

　즉 역세권의 가치는 각종 화려한 편익시설물이 아니라 다양한 인구구조(생산 및 출산가능인구의 형태)의 지배 속에 발현하는 것이다. 거대하고 화려하면 뭐하나. 비어 있다면 존재가치가 낮아져 그 지역의 잠재력이 약화될 게 분명한데.

　인구연구가 필요하다. 노인인구라고 해서 무조건 무시하면 안 된다. 경제 활동하는 고령인구가 증가하고 있기 때문이다.

역세권투자가 힘든 이유 – 역세권의 미래, 즉 역세권의 색깔(개성)은 같을 수 없을 뿐더러 역세권 내에서도 역사 출입구가 그 사정이 다 다르기 때문이다. 가령 멀티역세권인 왕십리역의 출입구 사정이 다 다르다. 출구마다 경제적 가치가 다 다른 것이다. 가치의 차이가 심하다. 당연히 자연히 가격차도 심하다.

역세권의 색깔이 같은 수준을 보지 할 수 없는 이유 – 주거 중심의 역세권이 있는가 하면 상업 및 업무중심의 역사도 있기 때문이다. 관광 및 전원공간의 역사도 존속한다. 녹지 중심의 역사가 있는가 하면 멀티역세권도 공존한다. 공기오염도가 높은 역사는 접근도가 높지만 공기오염도가 낮은 역사는 접근도가 낮다. 역세권이 완벽할 수 없는 이유다. 일장일단이 있다. 특성+개성 없는 역사는 없다. 이를 인정할 수 없는, 정신적 자유의 공간이 부족한 지경이라면 투자과정 밟기가 수월치 않을 것이다.

삶의 질에 기대감이 큰 경우 – 녹지와 자연을 중심으로 형성된 역세권 내에서 기대할 수 있다

돈의 질에 기대감이 큰 경우 – 멀티역세권 내에서 가능한 일

수도권의 특징 중 하나가 다양한 교통수단이요 다양한 도로의 연계성일 것이다. 그러나 수도권이라는 대형공간은 역세권과 비역세권으로 나누되 성공한 역사와 실패한 역사가 공존할 수 있다. 이는 투자자 입장에서 바라본 시각이다. 즉 실패한 역사의 기준은 투자에 관한 만족도의 경중일 뿐일 것이다. 역시 역세권부동산은 무조건 반드시 올라야 하므로. 아니, 오르고 있기 때문이다.

실수요목적으로 들어간 자는 돈의 질적 가치보단 삶의 질적 가치에 지배 받는 입장이므로 엄밀히 따진다면 역세권 실패지역은 존재할 수 없다. 삶의 질적 가치가 높은 지경이라면 당연히 투자가치도 덩달아 높아지기 마련이다. 투자가치가 생각과 다른 방향으로 흐른다면 거품에 희생당할 수 있다. 역세권 개발이라는 명분으로 애초 토지(생지)상태에서 이미 가격거품에 시달리기 마련이다. 개발완료 이후 거품이라는 속살이 드러나고 만다. 인구가 다양하지 못해 드러난 치부인 것이다. 제대로 된 역세권형성은 주거 및 상업지역, 그리고 공업지역, 녹지지역으로 고루 분포되어 있는 도시의 형성일 것이다. 이는 신도시에 역세권이 형성될 수 있는 요건(이유)이다.

역사가 완성되었지만 2차 개발청사진에 관한 기대감(예-용도전환, 즉 지구단위계획구역지정) 때문에 (현장감은 몹시 떨어지나) 가격수준이 높은 상태라면 거품을 의심하는 자가 급증할 수 있다. 사람 접근이 용이

하지 않다.

역세권의 목표가 높은 접근성인데, 역세권의 애초, 최초 목표가 상실하고 마는 것이다. 역사 주변의 부동산가격은 천차만별 + 천양지차일 수밖에 없다. 역세권효과(특징)의, 효력(개성)의 차이 때문. 역세권가치를 역세권반경에 반영한다면 큰 오산이다. 오차범위가 크다. 거리보단 역시 위치가 중요하기 때문이다. 위치가 좋다면 인구가 몰릴 수 있기 때문이다. 역사와의 거리가 가깝다고 무조건 좋은 건 아니다. 역사와의 거리가 가깝지만 역사와의 거리가 녹지나 하천과의 거리라면 유명무실할 수 있는 것이다. 외려 간접역세권과의 거리보다 더 못한 것(예-동떨어진 상태의 상업 및 업무시설). 역세권반경 기준은 거리보단 위치 및 방향으로 결정하는 게 정확하고 정밀하다.

1. 도시공간 안에서의 역사형성 – 제1종 지구단위계획구역
2. 비도시공간 안에서의 역사형성 – 제2종 지구단위계획구역

역사형성지역, 지점은 둘.

수도권이 유리한 점이요 특히 서울특별시 내에서의 역세권발현이 유리한 것이다. 수도권인구는 전체인구의 절반으로 인구의 다양성에

유리하고 서울특별시는 100% 도시지역으로 이루어진 상태이므로.

　거품의 실례) 대자연과의 높은 접근성과 낮은 공기오염도를 자랑
하는 전원 및 관광역세권에 '대자연'을 모토로 거품을 마구 주입시킨
다면 큰 문제다. 그 공간을 외면하는 인구가 급증세일 수 있기 때문이
다. 외려 주거환경이 투철한 역사보다 거품수준이 더 높다면 이 역시
큰 문제가 아닐 수 없다. 주거시설가격은 지자체가 관여, 개입할 수
있지만 '대자연'에 대해선 어느 누구도 왈가왈부할 수 없다. 지자체
가 가격을 논할 문제(처지)가 아니다. 주거지와 생지의 차이다. 마치
택지와 대지의 차이인 양 말이다. 완성도 높은 땅과 미완의, 미성숙한
땅의 차이점은 크다.

　역세권 소형부동산의 특징 – 환금성이 높다.
　역세권 소형부동산의 맹점 – 거품수준이 높다.

　역세권부동산이 환금성이 낮은 경우도 있는데 역시 거품수준이 상
상을 초월해서다. 즉 거품은 명품지역과 명품부동산의 존재가치를 사
멸시키는 성질을 지녔다.

　역세권의 생명줄 – 높은 접근도

1. 대자연과의 높은 접근성
2. 상업시설 등 편익시설물과의 높은 접근성

당연히 1의 가치보다 2의 가치가 더 높다. 이미 시설 투자비용이 소요되었기 때문이다. 대자연은 개발 이전의 모습이거나 하드웨어자체이므로 거품과 전혀 상관없다. 대자연을 전원공간으로 억지 비화, 강화시켜 녹지역세권에 거품을 주입시키는 일은 없어야겠다. 역세권 땅이 좋은 건, 맹지가 상업지로 용도가 전환 되었을 때 신분이 상승할 수 있다는 서원 때문이다. 그러나 역세권 내 상업지라고 해서 모두가 성공하는 건 아닐 거다. 만족도는 개별적으로 다 다르므로. 상업지 미래를 걱정하지 않을 수 없다. 남은 주요 과제가 바로 건물을 올리고 나서 생기기 때문. 상가 공실에 예민할 필요가 있기 때문이다. 자영업자 10명 중 절반 이상이 실패자라고 한다. 신도시 역세권 상업공간에서도 공실이 발생하고 있는 게 현실. 아마 높은 수위의 거품 때문일 것이다. 한 곳은 낮은 공실상태이나, 나머지 한쪽은 높은 공실에 허덕이는 것이다.

예) 인근 분당신도시보다 가격수준이 두 배 정도 높은 판교신도시에는 두 얼굴을 가진 상가가 즐비하다. 대기업이 조성한 복합 상가와 백화점에 의해 일반상가들이 크고 작은 마음의 상처를 입고 있다. 높은 임대료에, 그리고 대기업이 조성한 대형 상가 위엄에 가로막혀 진보가 힘든 지경.

　역세권 내 상가 모습 속엔 두 얼굴이 있다. 희비가 엇갈린다. 모든 역세권이 다 성공을 거둘 수 없는 것처럼 모든 상업지 미래가 다 성공적일 수도 없는 법. 세상이치다. 역사 내 땅이 상업지로 용도가 변하는 게 중요한 게 아니라 상업지만의 특성을 발휘할 만한 위치에 놓여 있는 지가 중차대한 것. 즉 입지선점의 중요성을 강조하는 것이다. 무조건 대기업 입성이 좋은 것만은 아닐 거다. 대기업으로 인해 내가 이익을 볼 수 있지만 내 발등에 불이익이 떨어질 수도 있다. 요컨대 신도시 역사 내 상업지로의 용도변경사안보다 더 신중을 기해야 할 것은 전원역세권 내 상업지로의 용도변경이다. 접근도 낮은 시골역세권의 상업지의 미래가 맑을 수만은 없다. 대기업이 들어서도 걱정, 안 들어서도 걱정이다. 진퇴양난이다. 역시 입지, 위치가 중요한 덕목. 자리다툼의 경쟁이 심하다. 지역라이벌과 부동산라이벌 관계가 바로 정립되어야 할 것이다.

12. 역세권 부동산투자 시 주의할 점2

　역세권의 성공여부를 가늠할 만한 척도가 무엇인지 알 수 있는 방도가 없는 건 아니다. 역세권 부동산투자 시 두 가지 주의할 점이 있는데 그건 바로 거품수준을 바로 인지하는 것과 인구수준을 인지하는 것이다. 두 곳을 볼 수 있는 인지능력이 필요하다. 역세권이라는 대명제, 대의명분은 거품의 발화지점이 될 수 있고 역세권반경은 거리보단 역시 인구의 양적, 질적 가치에 의해 형성, 조성될 수 있기 때문이다. 비어 있는 역세권은 거품의 온상으로 성공의 길과는 거리가 멀다. 부동산과 도로만 풍부하다고 해서 좋은 건 아니다. 사용량이 기대 이하수준이라면 역세권 역할을 제대로 이행할 수 없다. 유동인구가 주동이 되어 구축된 역세권과 주거인구가 주동이 되어 구축된 역세권은 존재할 수 있지만 주거 + 고정인구 등 인구가 다양한 역세권도 존속할 수 있다. 강남역세권1번지 역삼 및 강남역일대가 그 좋은 실례라 하겠다. 역시 직접역세권의 힘이 워낙 강력해 간접역세권이라는 말이 존속할 수 없는 것이다. 역시 거리보단 인구에 집중하지 않으면 안 되는 것. 유동인구가 계속 증가세다.

역세권의 스피드는 대단하다. 물리적 속도감과 정비례한다. 역세권입지와 스피드는 정비례한다. 높은 가치를 발현하여 부동산가격이 급등세다. 여러 인구가 유입하여 급증세다. 유동인구 위주로 구성되어 있는 역세권의 특징은 비어 있는 주거시설물이 증가할 수 있다는 것이다. 숙박시설물 대비 주거시설물의 사용가치가 낮을 수 있다. 숙박시설물의 사용가치(점용가치)는 잠재가치와 거의 무관하다. 숙박시설물은 실수요공간일 때 활용가치가 높을 수 있기 때문이다. 관광인구를 흡입한다. 수익형부동산으로 응용이 가능하나, 큰 수익률을 기대할 수는 없을 것이다. 관광비수기라는 맹점이 숨어 있기 때문이다. 실수요가치와 연관 있는 주거시설과 약간 다르다.

주거인구와 유동인구의 가치 차이가 클 수 있으므로. 일일생활권이 곧 역세권의 힘과 결부될 수 있어서다. 전철 존재성(잠재성과 연계)은 무섭다. 스피드 등 속력 면에서 타 교통수단의 비교 대상이 될 수 없는 지경이므로. 압도한다. 전철 속력은 잠재력의 표상이다. 압도적이다. 희망적이다. 물론 전철역사의 입지가 생명이다. 생명력 잃은 전철역사는 잠재력을 상실한 지경이기 때문이다.

13. 역세권 투자 시 주의할 점3

괜찮다 싶은 역세권 기준이 역세권반경이 될 수 없는 건, 여러 각도로 발현할 수밖에 없는 역사 변수들 때문.

수치가 가치는 아니다. 수치와 가치는 정비례하지 않는다. 역시 거리의 수치보단 위치의 가치가 중차대한 것. 수치가 절대적인 기준이 될 수 없다. 그저 작은 참고사안에 불과한 것이다. 인구가 풍족한 역세권범위는 500미터 그 이상. 그러나 인구부족증상에 시달리는 역세권범위는 어떤가. 초라하다. 역세권규모가 크다고 잠재성이 높다 할 수 없다. 실용성이 곧 잠재성이다. 현재가치가 곧 미래가치인 법. 역세권 주변이 다양한 지상물 구조로 분포되어 있다고 해서 반드시 잠재성이 높다고 확언할 수 없다. 높은 공실현상과 미분양사태, 그리고 젊은 인구 감소현상의 영향력을 받는다면 잠재성 낮은 역세권일 테니까. 양평일대 역세권은 그 반경을 지정하는 건 무리. 지역특성상 어쩔 도리가 없다. 유동인구 의존도가 높다. 지역특색이다. 유동인구에 의해 지역잠재성을 발현+발견하는 것이다. 상업공간이 존재하지 않는다고 해서 무조건 잠재력이 전무하다고 판단하면 그건 절대 오판이다. 지역특색을 무시한 처사다. 상업 활동인구는 대부분 소비인구이자 젊은 인구이지만 자연활동인구는 대다수 베이비부머이거나 고령인구들이다. 지역잠재력의 순도의 차이가 날 뿐 결과적으로 가치 차이는 별로 없다고 본다. 그런 긍정의 눈빛으로 역사를 관찰하도록 하자. 역세권 힘을 무시하면 개별적으로 무시당할 소지가 커서다. 역세권 땅 한 평 없는 사람들은 부정적일 수 있다. 역세권 토지주인들 생각과 다를 것이다.

역세권 토지현장답사를 왜 하는가. 내 땅 위치보단 그 주변상황을 관찰하는 것 아닌가. 역사와의 거리도 중요하지만 역시 역사의 위치가 더 중요하다. 위치가 곧 가치요 위치가 역사의 미래를 대변하는 것이다. 내 땅 위치보단 역사 위치에 절대적으로 집중할 필요 있다. 포괄적 접근이 긴요한 시점이다.

14. 강남지역 빌딩공실률 낮다

실패한 자영업자가 급증하는 가운데에서도 강남지역 빌딩공실률은 생각과 달리 낮은 편이다. 물론 타 지역과 대비해서다. 강남지역 빌딩의 공실문제는 난립하고 있는 기획부동산 급증과 연관 있다. 필자가 만난 꼬마건물주인들은 기획부동산과 관련해 그 관심도가 심히 높다. 일부는 땅 투자 경험자요 성공자이다. 오랜 기간을 통해 땅에서 재미를 본 것이다. 지난 수년 간 수십 억 원의 수익을 맛 본 자도 의외로 많다. 명품역세권 땅을 지혜롭게 기다렸다. 인내와 끈기의 힘의 결과다.

비밀에 부쳐달라는 말에 수치상으로 정밀하게 접근하기는 힘드나, 건물주들의 특성 중 하나는 땅에 대한 상식이 박학다식하다는 점이다. 거의 모든 부분을 꿰뚫고 있는 고수다. 땅에 관한 관념을 말로써 이길 재간이 없다.

빌딩부자들은 강남을 성지로 여기고 여전히 강남에 관한 관심도가 높다. 여의도 대비 강남의 빌딩 공실률이 상대적으로 낮은 건, 기획부동산 수가 다양하고 그 수가 계속 급증세를 달리고 있어서다. 토지 컨설팅업체인 크고 작은 기획부동산이 계속 급증하고 있기 때문이다.

　빌딩주인들의 특징이 하나 있다. 땅으로 성공신화를 구축했다는 점이다. 땅을 모르면 건물도 모르는 양 말이다. 강남빌딩부자들은 기획부동산 입주를 환영한다. 더불어 산다. 땅에 대한 이해도가 높아서 가능한 일 아닐까 싶다.

　빌딩부자들의 오래된 사고 – 땅 투자가 곧 대한민국에 투자하는 것이라는 사고.

　땅의 특성을 잘 알고 있기 때문에 가능한 일이다. 멀리 본다. 눈을 광대하게 만든다.

　존재성이 확실하다. 즉 용도(건폐율과 용적률)지역이 없는 경우가 없다는 것. 이것이 바로 빌딩부자들의 긍정적 사고인 것이다. 대한민국에 투자하는 게 곧 땅 투자라는 사실을 진리로 인식하는 것이리라. 역세권 땅 투자에 관한 확실한 신념을 가진 빌딩주인이 많다. 땅을 모르면 빌딩도 모른다. 역세권 땅 투자는 실수할 확률이 낮다는 신념이 강한 사람이 바로 건물주라는 생각이 든다.

수많은 건물주는 만날 수는 없었지만 그들의 노하우는 땅으로부터 발현했을 것으로 본다. 역세권은 투자실패율이 낮기 때문이다.

역세권 실패지역이 드문 이유 – 역시 역세권은 거품의 대상+온상이므로. 역세권부동산이 하락구도를 그리는 기현상은 일어날 수 없을 것이다.

역세권엔 특혜가 있다. 특별한 관계를 정립한다.

실례)
역세권 지분투자에 관한 개념 – 향후 건물주가 될 수 있는 기회도 기대할 수 있는 지경. 재건축 재개발 입주권 개념으로 알고 접근한다. 토지에 대한 지분투자(지분등기)와 건물에 대한 구분투자(구분등기)의 개념부터 파악하는 게 순리일 법하다.

15. 꼬마건물주들이 생각하는 역세권 성공 방도

1. 표면적인 역세권투자 성공사례가 없는 건 아니다. 가격이 급등하는 경우다. 투자자(가수요세력들)가 급증하기 때문이다. 가치는 뒤로한 채 가격만 급등세다. 생명력과 지속력이 낮은 이유다.

2. 실질적인 역세권투자 성공사례 – 삶의 질적 가치가 높은 경우로 실수요가치가 증가하는 경우다. 기교가 없어 비교적 안정적이다.

결국, 좋은 부동산의 조건은 가격상승의 효과가 아닌, 실수요가치의 상승효과(개발효과)에 있는 것.

가치가 상승하는 경우 – 생명력과 잠재력이 높다.
가격이 상승하는 경우 – 생명력과 잠재력이 낮다.

역세권의 패악 중 하나 – 비어 있는 역사

(역사의 규모가 중요한 게 아니라 역시 인구규모가 중요하다. 인구의 양적가치보단 질적 가치가 더 중요하다. 빌딩주인들이 강남3구 소형 상가용빌딩에 접근하는 이유다. 임차인들 수준도 높아 임대소득이 안정세를 유지할 수 있다. 월세 밀린 경우가 드물어 건물에 대한 가치평가가 높아 시세차익 볼 기회도 적지 않다. 장소에 따르나 비교적 환금성이 높은 편이다)

한 지역의 인구분포도를 검증할 수 있는 기준선 – 아파트 미분양 여부와 이동인구상태

땅값이 오를 수 있는 건 인구증가현상의 영향이다.
예) 주거인구와 관광인구의 증가
지속성과 생명력 면에선 고정인구가 유리할 수 있지만 관광인구증가도 무시할 건 아니다. 예컨대 제주도의 경우 외국인관광객에 의해 부동산이 고루 상승곡선을 탄 적이 있지 않은가.

꼬마건물주인이 바라보는 신화와 실화의 차이점 – 역세권의 경우, 역세권의 현재모습이 실화요 개발청사진이 다양하고 거대한 경우는 신화일 것이다. 성공을 향해 질주하고 있는 대다수 부동산투자자가 인지할 부분이다. 신화는 비현실성을 띤 개발계획이지만 실화는 그 반대의 경우이므로. 개발의 정당성이 높은 경우다.

신화의 특징 – 사람과의 교화, 대화가 힘들다. 소통이 불가능한 상태다.

실화의 특징 – 대화가 가능하다

• 장수 및 소형부동산시대에 대처할 수 있는 삶 – 100살 먹은 (넘은) 분들은 증가세이고 5살 미만의 아이들은 감소세다. 우려했던 본격적인 인구불균형현상이 심화되고 있는 것이다. 장수시대에 안정적인 삶을 영위하기 위한 개인의 노력이 그 어느 때보다도 절실한, 중요한 상황. 이는 '부동산'을 통해 이동할 필요성이 대두되는 이유가 될 것이다. 의식주 중 주가 바로 부동산 아닌가. 특히 주거시설을 대변하는 지경이다. 주택문화가 변할 시점이다. 내 집 마련의 중요성이 약화되는 마당에선 부동산문화가 새로워지지 않으면 안 될 것이다. 필자 생각엔 부동산 혁명과 개혁이 필요하다고 본다.

범례) 부동산문화=펜션문화+빌딩문화

향후 펜션 및 빌딩문화가 부동산문화의 쌍두마차 역할을 할 것으로 전망된다. 2년 전 도시생활을 청산한 은퇴자 김 모(60)씨는 펜션응용자다. 펜션사업가다. 지리산 인근에서 펜션을 운영 중이다. 펜션 안에서 의식주 해결을 한다. 즉 실수요 겸 투자로 응용하고 있는 것이다. 주인인 내가 직접 살고 직접 관리까지 할 수 있다. 휴양 및 관광고객 상대로 숙박영업 중이다. 일시 임대사업을 하고 있는 것이다. 이런 상황은 점차적으로 정착화 되는 소형빌딩문화와 거의 흡사한 모양새이다. 소형건물 위주의 부동산문화가 이 땅에 제대로 정착할 날도 머지 않아 보인다. 실수요 겸 투자를 겸용한다. 실속파가 늘고 있다. 부동산에 관한한 다용도와 실용성이 대세다.

　펜션운영자는 소형부동산인 펜션을 통해 노후설계를 본격적으로 그릴 수 있을 것이다. 소형건물 그 이상의 가치와 의미가 내포되어 있다. 펜션운영자가 바로 소형 건물운영자와 같은 것이다. 하나는 시골에서 응용(운영) 되고 하나는 도시에서 응용되고 있다는 점만 다를 뿐 노후에 필요한 덕목임엔 틀림없다.

　펜션 – 자연을 대상으로 운영할 수 있는 부동산
　건물 – 도시를 대상으로 운영할 수 있는 부동산

　작금은 다양성, 실용성을 추구하는 시대.

　중소형부동산을 알차고 실수 없이 실속 있게 운영한다면 목표점(최고의 행복감, 그 가치의 자유와 향유)에 쉽게 도달할 수도 있다. 체격이 큰 부동산보단 작은 부동산에 투입되는 돈 규모는 크지 않아 부담감이 감소될 수 있다. 접근이 수월하다. 접근 시도자가 다양하게 분포되어 있다. 활용성과 희소성 모두가 높다. 주택활용도를 극대화 할 필요 있다. 다양화를 꾀할 필요 있다. 시대의 화두다. 대세다. 과거처럼(예–아파트 13차 동시분양제도실시 되자마자 중지) 지금은 내 집 마련이 꿈인 시대가 아니므로.

아파트가 아파하고 있다. 아파트 관심도와 인기도는 나날이 떨어질 기세다. 그 대신 생지와 접한 주택인 전원주택, 그리고 소형건물에 지배 받는 지경. 과거 초등학생에게 장래 꿈을 물으면 과학자니 대통령이니 비현실적인 말들을 늘어놓곤 했다. 그러나 지금은 초등학생 꿈이 건물주일 수 있는 시대다. 꼬마 건물주인 되고 싶다는 꼬마도 있다는 것이다. 연예인들 중엔 건물주가 다수 차지해서 그럴 수도 있다고 본다.

1. 전원주택생활이 로망인 사람들이 급증세다. 특히 전원주택은 베이비부머들에게 인기 있는 품목 중 하나.

2. 건물주 되는 꿈(소망)을 가진 자도 급증세다. 건물주 되는 건 모든 이들의 로망일 것이다. 전원주택과는 다르다. 공실률 높은 건물은 오지의 농어촌주택과 진배없으므로. 일률적인 디자인의 아파트 대비 전원주택과 빌딩 디자인은 독특하다. 디자인 속에 자유와 여유가 숨어 있다. 자신의 주특기와 개성을 맘껏 외부로 분출할 수 있어 자유분방하다. 내 집은 대중성이 높은 대신 희소성이나 잠재성 면에선 갈수록 미약해지고 있다. 대중성이 너무 높다 보니 상대적으로 희소성이 낮은 것이다. 공급확대의 이유가 주택부족 때문만은 아닐 것이다. 주택

이 남아도니 미분양현상이 계속 발현하는 것 아닌가. 소형건물상황은 어떤가.

희소가치가 높아지고 있다. 특히 강남3구 중소형 상가빌딩의 미래는 맑음이다. 밝다. 작은 빌딩의 미래(날씨)를 예측할 수 있다. 역세권 부동산처럼 환금성이 높아서 일거다. 환금성과 희소성은 정비례한다.

비싼 외제차가 강남에선 희소성이 낮다. 그 수가 거의 범람 수준이라서다. 그러나 외제차가 강북지역에선 환영 일색. 희소성이 높기 때문이다. 동산(동산화과정을 밟는 건 모든 토지의 로망) 고유의 특성 때문이다. 모든 사람들의 희소성이 강남지역에서 반드시 도마 위에 오를 이유는 없다. 여기서 강조하는 도마 위란 평가과정을 의미한다. 사람과 동산은 다르다.

이동이 가능하다는 것에서 그 의미는 동일하나, 사람은 이동 위치에 따라 가치가 달라지지 않는다. 부동산과 달리 지극히 평범하고 평등하다. 화려한 부동산은 존재할 수 있지만 화려한 인간은 없다.

부동산주인은 죽을 수 있지만 주인 잃은 부동산은 여전히 그 자리를 지킨다. 누구든지 부자의 기회를 맞이할 수 있는 이유다. 물론 역세권토지 등을 통해서 말이다.

16. 역세권의 권력

땅 투자 10계명은 땅 투자 성공을 위한 지침이자 방도이지만 10계명 안에 반드시 포함되는 사안이 바로 역세권투자일 것이다. 역세권투자가 포함되지 않은 계명은 부실할 수 있기 때문이다. 역세권은 권력의 화신일 정도의 가치를 지니고 있기 때문이다. 역세권은 직접역세권과 간접역세권으로 대별하지만, 전원형역세권과 도시형역세권으로 나누기도 한다. 전자가 상수(법적사안)상황이라면 후자는 변수에 해당한다. 직접역세권과 간접역세권은 범위(영역, 권역)에 따른 구분이요 전원 및 도시형역세권은 형태에 따른 분류가 될 법하다. 이는 역의 효과에 따른 분류가 될 것이다. 잊지 말아야 할 점은, 전자든 후자든 역개발 이후에 결과가 분출된다는 점이다. 직접역세권 반경이 반드시 500미터일 필요가 없어서다. 직접역세권이 전진하면 상황에 따라 1000미터 이상도 가능하다. 그런 대형공간이 만들어진다. 서울특별시 안에 자주 등장하는 광경 중 하나다.

역세권의 결과(개발의 효력)는 거리에 주목하는 게 상례. 상식이다.

그러나 난개발(공급과잉에 따른 미분양 및 공실현상우려)로 말미암아 개발효과가 낮은 역세권개발도 없는 건 아니다. 즉 거리에 일방적으로 노예가 되기보단 사람들에게 집중할 필요 있다. 특히 인구의 질적 가치에 신경 쓰자. '거리의 필요성' 보단 '인구의 필요성'이 더 강한 권력일 것이다. 대규모 아파트단지와 산업단지에 필요한 주거 및 고정인구가 뒷받침 되지 않은 가운데 입성하는 일이 발생한다면 역세권 개발효과는 그다지 크지 않을 것이다. 역세권 투자에 관심 있는 분들은 개발이 진행 중인 서해안복선전철과 이미 완공한 경강선의 차이점부터 잘 인지할 필요 있다. 서해선과 경강선의 차이를 일부구간에서 목격할 수 있다. 경강선의 광주, 이천, 여주 등은 수도권오지에 해당되는 지역으로 해당지역주민 뿐 아니라 많은 이들이 개발을 열망하는 입장이다. 그러나 서해선은 3개 역이 입성하는 화성시와 달리 대형 산업단지가 조성되기 힘든 입지를 가지고 있다. 역 넓이보단 역 수 면에서 그렇다는 말.

역이 무조건 들어선다고 반길 건 아니다. 반전효과가 적다면 외려 없는 게 더 낫다. 부동산 활용도 대비 부동산 거품의 주입으로 말미암아 거래량이 낮아진다면 지역발전과 역행하는 일 아닌가.

강력한 지역발전의 모토는 누가 뭐래도 역세권개발이다. 도로 힘보다 철도 힘이 더 클 테니까. 비교대상이 안 된다. 미스매치다. 철도가 생기면 다양한 각도의 크고 작은 도로가 생기기 마련이다. 반대로 도로는 반드시 철도를 필요로 하지는 않는다. 서로 입장차가 크다. 가치 차이가 큰 이유다.

역세권의 세 가지 반전의 힘(효과)

1. 도로와 접근성 – 크고 작은 도로들이 마치 모세혈관처럼 잘 연결되어 있다면 전철 효과는 극대화 되어 수많은 이들이 몰릴 것이다. 투자자와 실수요자가 동고동락할 수 있는 그런 공간으로 말이다.

2. 빠른 속도의 인구유입과 그 효과 – 생산가능인구(15~64세)가 합류하여 수요인구가 증폭될 것이다. 특히 출산가능인구가 증가하여 신설 학교시설(교육시설)이 생긴다면 지역 반전효과가 클 것이다. 오지가 성지(成地)로 재탄생할 기회다.

3. 기반 및 편익공간의 다양성 – 다양한 인구 층이 몰린다면 당연히 그에 상응하는 시설물들이 대거 입성할 수밖에 없다.

요컨대 역세권의 권력은 거리와 더불어 다양한 인구분포도가 뒷받침 되지 않으면 안 된다. 은퇴 및 노인인구보단 젊은 인구의 유입이 필요하다. 역의 미래는 젊은 인구 어깨에 달려 있기 때문이다. 상대적으로 결과적으로 전원형역세권(노인인구와 은퇴 및 반퇴인구가 주축일 수 있으므로)보단 도시형역세권(젊은 화력이 주축일 수 있으므로)이 더 강렬한 인상을 심어줄 것이다. 역량의 차이다.

결국 부동산의 동산화, 환금화속도가 빠른 경우가 역세권이요 그것이 모토가 되는 것. 그리고 역세권 주변으로 충분한, 다양한 수요층이 확보되어야 한다. 더불어 직주근접형부동산이 다양하게 분포되어 있어야 할 것이다. 여유시간을 활용할 수 있는 여건이 조성된 상황 아닌가. 삶의 질적 가치가 높아질 수 있다. 부동산 공실현상을 줄일 수 있다. 살기 편하면 어쩔 수 없이 그곳으로 사람들이 몰린다. 진정한 성공한 역세권투자자는 개발규모 대신 인구규모와 그 질적 가치에 집중하는 사람이다.

대부분의 빌딩주인들 역시 사람의 질적 가치에 집중한 것.

사람이 몰리고 일자리가 몰리는 공간에 투자를 하여 자신이 원하는 목적을 이룰 수 있었던 것이다.

17. 부동산부자가 되는 길과 부동산변수

투자자가 바라는 지역은, 환승역세권 내 생지(원형지)일 것이다. 선

례가 있다. 부자들의 특징 중 하나가 바로 환승역사의 집중도와 관심
도가 높다는 것이기 때문이다.

시간이 흐를수록 환승역세권지역의 희소가치가 높아지는 이유다.
명품역세권(역세권 멘토)은 환승역사가 대변한다. 대신한다. 실수요자
도 투자자전선에 전격 승선할 수 있기 때문이다. 여러 유형의 사람들
이 몰린다.

환승역세권에 투자하는 이유는 유동인구와 이동인구의 활발한 동
력 때문. '활동력'이 '동력'이다. 소탐대실하지 말자. 엉뚱한 영역에
신경 쓰는 건 소모전. 가령 땅 등기권리증과 집 등기권리증은 그 의미
가 다르다는 것. 성격이 말이다. 등기소와 법무사로부터 땅 등기권리
증이 빨리 나온다고 좋은 건 아니다. 집 등기권리증과 다른 점이다.
음식점에서 주문음식이 빨리나온다고 해서 좋은 건 아니다. 등기건
음식이건 마찬가지 입장이다. 정성과 열정이 식은 토지와 음식은 접
근금지다. 토지 등기권리증 발급이 늦는다고 해서 토지에 문제가 있
다고 단정 짓지 말자. 그 사연을 제대로 알 필요가 있기 때문이다.

가치공부에 신경 쓰지 않는다면 부동산부자가 되는 건 쉽지 않을
것이다.

수도권(역세권)지주가 건물주 될 확률이 높은 세 가지 이유(세)

1. 가치와 가격의 폭등세
2. 인구증가세
3. 각종 시설물과 편익 공간 급증세

빠른 시일 내에 꼬마빌딩주인이 될 수 있는 방도가 곧 환승역사에 집중, 접근하는 것이다. 대자연이 환승역사로 변하는 경우, 사람과 토지가 동시에 팔자가 바뀐다. 이 상황에 대하여 그 누구도 이의를 제기할 수 없다. 이의를 제기한다면 의식에 문제 있다. 따라서 땅 투자자는 대자연에 관한 특질부터 제대로 인식할 필요 있다.

대자연의 특질 – 아름답다. 아름답다면 보호가치와 개발가치가 모두 높다. 아름답다고 입지가 괜찮은 건 아니므로. 개발가치를 따로 견지해야 한다. 보호가치 높은 토지는 미래가치에 대하여 의심할 수 있다. 관심을 갖기 전에 의심부터 할 수 있다. 대자연은 규제의 대상물이니까. 이를 견지하거나 이해하지 못한다면 땅 투자자 반열에 쉽게 들어설 수 없다. 최소의 비용(땅주인)으로 최대 효력(건물주인)을 바랄 수 없다.

부동산 개발의 의미 – '표현의 자유'

자유라는 여유가 전무한 지경 – 규제강도가 몹시 높은 지경. 회생의 희망이 없다.

규제의 종류

1. 자연보호 – 예) 고추밭(田)상태

2. 국방 – 예) 지뢰밭상태

1–　한강(보호대상)

2–　군부대(보호대상)

규제 색깔에 따라 개발 색깔이 결정된다.

예술적 가치를 외부로 표출 + 표현하기 힘든 지경 – 규제강도가 높은 지경. 회복불능상태다.

땅값이 집값보다 저렴한 이유가 있다.

미용사는 기술성 뿐 아니라 예술성도 겸비할 필요 있다. 주택을 짓는 자도 매한가지다.

기술 – 고정적(상수상황)

예술 – 변수지경

기술비용 – 정해진 가치

예술비용 – 정해지지 않은 가치(예술인의 몫. 예술인이 가격주인인 셈)

토지 – 예술적 가치가 전무한 지경. 기술적 가치만 존재한다. 토지만의 특질 때문. 부동산 중 유일무이한 미완의 장르가 토지 아닌가.

토지의 예술적 가치가 전무한 이유 둘 – 미완의 부동산이라는 점과 주인 없는 토지도 심심치 않게 목격되고 있다는 점. 우리나라 국토의 특징과도 관련 있다. 절망적인 맹지인 접근도 낮은 맹지와 악산이 넓게 분포되어 있다.

주택 – 기술과 예술을 겸비한 부동산(주택은 곧 완성물이므로)

주택 대비 토지가격이 저렴할 수 있는 이유 – 땅은 예술적 가치를 표출+표현하기 힘들다. 음악과 토지는 다르다. 미완성 교향곡은 토지에겐 통할 수 없기 때문이다.

(토지 = 미물)

(미물 = 미완성)

예술 – '기술의 자유(여유)'

요컨대 예술 자체가 바로 기술적가치의 미래인 것. 예술은 기술의 미래가치다. 이를 인정할 수 있는 여유가 투자자에게 필요하다.

가치 – 함부로 변할 수 없는 영역

가격 – 매일 매번 변할 수 있는 영역(영원불멸한 부동산주인의 힘과 역할 때문)

가치의 결과 – 개발효과

가격의 결과 – 없음(개발이 끝나도 가격은 계속 변하거나 오를 수 있으므로)

암기보단 이해했을 때가 즐겁고 기쁘다. 바쁘다.

역세권 현장답사과정을 밟는 이유다. 역세권 현장답사 시 높은 이해력이 긴요. 타 투자처 대비 이해도가 높다. 이해력이 확대된다면 잠재력을 발효할 수 있을 것이다. 지역을 이해했을 때 잠재력이 승화되어 투자를 결정할 수 있다. 지역을 오해할 땐 투자자가 절대 될 수 없기 때문.

역세권과 비역세권의 차이처럼 오해와 이해, 착각과 자각 차이는 크다. 비슷한 단어지만 말이다. 형제 관계지만 견제가 심하다.

이는 아마 부자와 서민의 차이일 것이다.

18. 강남3구 위력의 원초

빌딩주인들의 특징 중 하나는, 자신의 크기를 크게 노출하기를 꺼린다는 점이다. 자신의 노하우를 쉽게 노출하려 하지 않기 때문이다. 부자가 된 여정을 쉽게 말하지 않아 그들의 특수성을 정밀하게 진단하기는 힘들다. 모든 사안을 표출하지 않는다.

필자가 만난 건물주들의 특징 중 하나는 한결같은 토지마니아라는 사실이다. 토지전문가를 자처한다. 자신감이 넘친다. 토지철학이 단단히 구축되어 어떤 이의를 제기할 틈이 없다. 잘난 척 하다간 도리어 망신살 뻗치기 십상이다.

특히 역세권토지에 대한 집중도는 최고수준. 그들을 따라가기 힘들다. 역세권에 대한 자신만의 철학이 단단히 구축되어 있기 때문이다. 역세권 토지를 잘만 사면 건물주가 충분히 될 수 있다는 확신은 지금도 여전히 가슴속 깊숙이 명기되어 있다. 존속 중이다. 그 자신감의 표현 중 하나가 바로 지분에 대한 생각과 높은 이해력이다. 지분 매입 가능에 관한 개념도 꿰뚫고 있다. '공동지분형식과 개인지분형식'이 상이하다는 사실 또한 잘 알고 있다. 단 비역세권토지의 경우엔 해당되지 않으니 주의해야 할 것이다. 매도 시 같은 필지 지주들의 동의 + 협의과정도 필요할 수 있어서다.

그러나 역세권 토지만은 그 성격이, 상황이 다른 것이다. 각자 지분만 매도하면 그만이니까. 관심사가 형편없다면 큰일! 그러나 역세권개발엔 많은 이들이 집중력을 높인다. 환금성이 높아 지분거래도 마다하지 않는 것이다. 이를 적극적으로 받아들일 때 비로소 역세권 투자에 성공할 수 있다고 본다.

땅을 통해 큰돈을 벌었다면 2차 투자가 필요하다. 마치 완료된 역세권에 2차 개발이 필요하듯 말이다.

땅을 통해 번 돈으로 강남의 50층짜리 새 아파트에 투자 겸 실수요로 매입을 할 것인가, 아니면 4층짜리 소형 상가용건물을 매수할 것인가, 선택의 기로에 서있을 수 있으나 후자의 선택이 솔로몬의 선택 그 이상이 될 수도 있다. 작금의 상황이 그렇다. 큰 아파트나 큰 빌딩보단 실용적이다. 작금은 작은 부동산시대 아닌가. 공실률 높은 건물이나 미분양상태의 아파트의 공통점은 무엇인가. 모두가 크다는 것 아닌가. 실속 없다.

'덩치'와 '가치'가 정비례하는 건 아니므로.

작은 건물 제일 위층에 실거주하고 다른 공간에는 세입자를 받아 임대료로 생활비를 충당하며 취미생활과 건강보지에 집중하는 자유를 만끽하는 게 인생 종착역 가기 전에 해야 할 바로 인생 환승역 아닌가 싶다.

하나 건물부자가 되기 전에 인간이 되어야 할 것이다.

진정한 부자는 작은 건물주인. 외형보단 실속이 중요하다. 건물주 입장에서 세입자를 배려할 수 있는 마음의 여유와 자유를 누리는 부자가 바로 진정한 성공인 아닐까?

행복감과 만족감을 충분히 느낄 수 있는 기회다.

성공(成功)의 뜻은 이루어 베푸는 것. 돈만 벌면 뭐하나. 의미 없다. 베풀어야 진정한 성공인 것. 이루기만 해선 반쪽 성공에 불과한 것이다.

필자가 바라본 빌딩주인들의 특징은 그다지 복잡하지 않다. 물론 그들이 상세하게 노하우를 노출하지 않아서 그런 것이지만 말이다.

그들은 수치를 노출하기 보단 가치(노하우)를 노출한다.

그들의 역세권에 관한 신념은 단호하다. 역시 강남3구를 선호한다. 집중한다. 서울의 역사 역시 강남 3구가 주동, 주축 되어야 한다는 신념이 강한 상태. 그 중심축엔 사당역(서초구와 접한 상태)과 잠실역(송파구)과 강남역(강남구)이 있다. 이 3개 노선은 모두가 지하철2호선을 (외선)순환한다. 습관적으로 반복한다. 즉 강남3구의 힘(위력과 매력)은 전철의 힘인 법! 3개 환승역세권의 힘이 크다. 거세다.

서울의 특징을 잘 인식하고 있는 건물주들. 모두가 서울을 잘 안다. 제 2의 고향이다.

예외가 없다.

서울의 특징 – 실패한 역세권공간이 없는 100% 도시지역이라는 것이다. 인구의 다양성과 관련 있는 사안. 두 가지 특성이 서로 연계되어 그 힘이 지금까지도 발효하는 것이다.

잠실역, 사당역, 강남역의 특징 – 서울을 대표하는 환승역세권으로 강남3구 파워를 유지하는 모태다. 인근 경기도에 관한 인구흡입력이 대단하다 보니 경기도인구가 급증세를 타는 것. 노선의 다양화로 인구도 다양화 되는 것이다. 경기도와의 접근성이 점차 높아지면서 인구는 계속 증가일로를 달릴 것이다. 일자리는 서울에, 잠자리는 경기도에 있다.

연결노선의 다양화는 지금도 계속 되고 있다. 버스노선의 다양화 말이다. 이런 사안이 바로 강남3구 위력이 여전히 식지 않은 이유가 아닐까 싶다. 이는 마치 역과 역 간의 강한 연계(연대)인 양 강한 힘을 발휘한다. 간접역세권이 생길 틈이 없을 정도로 역과 역 간의 연계성이 크고 강하다.

전철의 힘은 새로운 역사에 만족하지 않는다.

야구의 10번 타자가 '대타' 라면 전철10호선은 '연장선' 이다. 반전 효과가 크다.

지금도 전철연장선은 공사 중이다. 진접선이나 별내선 등이 그 좋은 실례.

강남역 역시 연장선 그 이상의 기쁨이 있는 역사.

강남역은 신논현역과 직접 연계되는 데 여기엔 직접역세권만 존속한다. 워낙 유동인구 동력이 세다보니 그런 것. 여기서 강조하는 동력은 동원능력 그 이상의 힘을 말한다.

강남역(환승역)은 또 하나의 환승역인 교대역과 직결된다. 간접역세권이 존속한다. 강남3구 중 개성이 강한 역사도 있다. 압구정역이다. 압구정역은 성형1번지라서다. '성형역'이다. 성형의 성지, 성역이다. 지역도 성형 중인 것. 성형인구가 급증세라서 생긴 자연현상이다. 인공미인이 늘수록 압구정역의 미래가치는 높아질 것이다. 지금과 같은 지역의 젊은 여성인구가 급증세라면 출산가능인구에게 희망을 크게 기대할 수 있는 것 아닌가.

잠실역과 사당역의 경우는 강남역과 다른 점이 있는데 강남역세권에 없는(물론 양면성은 있다-교대역과 신논현역) 간접역세권이 존속한다는 것. 간접역세권이 존속할 수 있는 건, 그만큼 유동인구 수가 충분하지 않다는 것이다. 잠실역의 지역부가가치와 브랜드가치는 날로 높아지는 추세. 가격수준도 마찬가지다. 지명의 화력 역할이 크다. 잠실새내역의 과거가 신천역이고 잠실나루역 과거는 성내역이다. 지역명(지명, 역명)이 변한 이유야 따로 있지만 결과적으로 잠실새내역과 잠실나루역이 환승역인 잠실역을 앞뒤로 보좌해주는 역할을 하고 있는 형태다. 감싸주고 있다. 앞에서 당기고 뒤에서 밀어주는 구조다.

협력(여정)해서 선(목표와 결과)을 이루는 건 비단 인간사회에서만 통용되는 건 아닐 거다.

역세권세계라고 예외는 아닌 것. 결과적으로 역세권효과는 인간이 만드는 것이니까. 인간의 뜻이 필요하다. '창의성' 말이다.

19. 지혜의 어머니

착각하기 쉬운 사안 중 한 가지. 지식의 라이벌이 지혜라는 착각 말이다. 지식은 지혜의 라이벌이 아니라 지혜의 도구다. 지식은 지혜로 가는 과정일 뿐이다. 지식의 완성도와 완숙도가 낮은 이유다. 인생을 지식으로만 살 수는 없는 법. 인생 노하우 중 하나가 지혜 아닌가.

그러나 지식과 지혜의 분리, 이분법은 있을 수 없다. 지식 없는 지혜는 없으므로. 지식은 과정이요 지혜는 효과인 것이다. 지혜의 어머니가 지식이다. 지식이 지혜를 분만하므로. 지혜가 곧 자식(자손)인 셈이다. 미래다.

지식은 공부과정의 산물이지만 지혜는 돈으로 살 수 없는 여러 각도의 다양한 경험을 통해 얻을 수 있는 최고 가치의 선물인 것이리라.

고수와 하수 사이의 사람들이 대다수 차지하는 것처럼 지식과 지혜도 마찬가지일 듯.

지식과 지혜 사이에서 갈길 찾지 못해 헤매는 사람이 대다수다.

학교생활 – 지식의 추구, 요구
사회생활 – 지혜의 추구, 요구

지식을 주 무기로 투자전선에 뛰어드려는 자는 하수와 개미지만 지혜를 주 무기로 투자전선에 뛰어드려는 자는 고수다. 지식은 상식이요 지혜는 노하우이기 때문이다. 공인중개사, 주택관리사, 감정평가사 등 자격증 취득과정은 지식을 통해 취득하여 이는 지혜와 별개 사안이다. 지식은 약속, 법칙, 이론이지만 지혜는 철학과 지론이기 때문이다. 부동산에서의 지식이란, 정해진 법칙이지만 지혜는 정해지지 않은 사안. 변수이기 때문이다.

부동산의 동산화, 진화, 변화 등을 분석할 수 있는 힘이 곧 부동산의 노하우인 것. 지혜를 필요로 한다. 사람이 사는 데 가장 강렬한 무기가 바로 지혜라는 명철이다. 지식 취합과 현장공부를 반복적으로 하는 것과, 작은 투자 경험이 곧 노하우를 만들 수 있는 지혜.

실험과 경험이라는 과정 없이는 지혜라는 지상최고의 선물을 받을
수 없다. 얻기 힘들다.

지식 – 덕(德)

지혜 – 복(福)

덕은 과정(노력)이요 복은 결과, 효과(노력의 선물, 결과다).

덕은 땅과 관련 있지만 복은 하늘과 연관 있다. 사람이 결정하는
건 무리다.

부동산의 안전성 – 덕

부동산의 수익성 – 복

역세권 현장답사 ②

01 평택 지제역세권의 미래가치가 기대(대두)되는 이유

경기도 평택의 미래가 밝은 건, 평택 부동산의 뜨거운 열기가 개인투자자들의 용기로 곧바로 이어지고 있기 때문일 것이다. 의심의 여지+여유가 없을 정도다.

전철1호선 서정리역 주변의 특성 - 부동산업소가 난립하고 있다. 계속 증가일로를 달리고 있다. 거반 이동부동산(떴다방) 수준이다. 기획부동산과 손잡고 혁신적인 기획 작업을 하고 있는 건 다반사. 인력시장도 난립하고 있다. 고덕국제신도시개발과 관련 있다. 이동인구가 증가일로를 달리는 이유다. 필자 생각엔 서정리역의 미래가치가 곧 평택역의 현재가치가 아닐까 싶다. 서정리역의 진보모드가 뚜렷해서 하는 말. 서정리역과 지제역의 접근성은 높다. 그 힘은 배가가 될 것이다. 견강부회처럼 비출 수 있으나, 마치 환승역 강남역과 역삼역 위상의 연계처럼 말이다. 고덕국제신도시의 영향력이 곧 지역잠재력으로 승화될 게 분명한 상황이다.

평택의 랜드 마크, 대표 브랜드 – 경제신도시의 리더 역할이 필요한 지경

예) 고덕국제신도시의 존재가치가 높아질 수밖에 없다.

신도시개발 덕분으로 지제역이 그 선봉장역할(평택의 랜드 마크)을 단단히 구축할 수 있을 것이다. 지제역을 지역오지에서 구출할 수 있는 절호의 찬스가 바로 국제신도시개발일 것이다. 고덕국제신도시의 문제(과제)가 없는 건 아니다. 인구 13만 명 이상이 입성할 수 있어야 한다. 평택의 100만 거대도시 계획에 힘을 배가 시킬 만한 상황. 계획도시의 정립을 위한 기획력이 긴요한 지경.

서정리역 다음 역인 지제역의 잠재력은 높다. 그 이유는 분명 있다. 서정리역의 지역부동산과 인력시장이 난립하고 있어 그 여파가 지제역까지 미칠 것으로 예상되기 때문이다. 유동인구 등이 지제역까지 미칠 수 있다. SRT가 지나는 지제역 미래가치는 작금의 서정리역이라 본다. 서정리역의 간접역세권의 힘이 곧 지제역 미래가치의 잣대. 비교적 정확한 기준이 될 수 있다.

지제역사

서정리역 일대는 활력(활동력)이 넘친다. 그 수위가 높다. 이유가 확실하다. '국제신도시+국제대학의 역량'에 관한 기대감이 증폭되는 상황이므로. 젊은 동력이 증가할 수 있는 무대 + 모토 마련의 계기가 될 수 있을 법하다.

평택의 랜드 마크인 고덕국제신도시의 수용인구는 약14만 명. 완공예정은 오는 2020년 12월이다. 수혜지역은 지제동과 서정동을 비롯해 장당동, 모곡동, 고덕면 일대에 이르며 약55,000세대가 입주할 예정이다. 그러나 투자자나 실수요자나 인천 송도국제도시의 존재성과 그 입지(입장)를 견지할 필요성이 있다. 평택 고덕국제신도시 역시 높은 공실이나 미분양에서 자유로울 수 없어서다. 거품이 역시 관건이다. 이슈거리가 뜨겁다 보니 말이다. 투자자 입장에서 가성비 견지에 집중하지 않으면 안 되는 이유다. 결국 평택에 관한 희망을 적극적으로 그릴 수 있는 모토는 '평택역의 과거가 서정리역'이라면 '서정리역의 과거는 지제역'이 될 수 있다는 환상과 확신인 것이리라. 일단은 말이다. 그만큼 국제신도시가 개발되고 있는 서정리역 일대가 지역적으로 중요한 위치에 놓여 있다는 것!

지제역의 강점 – 서정리역과 평택역 중간(사이)에 위치하고 있어 두 역의 장점을 내 것으로 응용할 수 있는 환경 조건이다. 관내 최고의 역사와 최고를 향해 질주하는 역사 사이에서 희망을 모색할 수 있을 법하다. 부동산 투자는 '사이'(기회라는 틈새시장)에 투자하는 것 아닌가. 예컨대 큰 도로와 작은 도로 사이에 투자하고 큰 인구와 작은 인구 사이에 투자하는 것이다. 그런 차원에서 지제역 입지를 긍정적 시각으로 쳐다보는 것이리라.

지제역의 잠재성에 관한 기대감이 증폭되는 이유다. 서정리역일대의 국제신도시개발과 평택의 랜드 마크인 평택역 위상에 적지 않은 영향을 받고 있는 것.

평택의 '희망역세권' 지제역에 남은 주요 과제들

SRT(Super Rapid Train) 가 지나는 평택 지제역의 미래가치를 조율할 수 있는 건 지금부터다. 개미투자자가 투자시기를 연기하는 건 무리라는 것. 손해다. 이참에 투자자가 상기할 점은 역세권 투자 시 주의할 점일 것이다. 역세권 투자 시 유의할 점 중 하나는, 거리 확보보단 역시 인구확보에 대한 집중도일 것이다. 개별적으로 정서적으로 인구증가의 가능성을 오픈할 필요 있다.

공실률 높은 상업시설물과 미분양률 높은 주거시설물은 지역애물로 투자가치가 낮기 때문이다. 역과의 거리가 가깝다고 인구가 증가하는 건 아닐 거다. 역세권 효과가 낮다는 건 인구확보가 제대로 관철되지 않은 경우로 이는 거품수준을 의심할 수 있다. 접근성이 높은 지경이라면 인구증가율도 당연히 높아질 것이나, '거품양' 이 지나치게 많다면 '거래량' 이 감소할 수 있다. 결국, 역세권 투자 시 주의할 것은 인구확보와 큰 거품인 소나기를 피하는 것이다.

왜냐, 역세권엔 항시 거품이 주입되기 마련이므로. 이런 현실을 무시한다면 투자를 포기하는 경우와 같다. '작은 거품'에 들어가는 게 순리, 정도라는 것. 큰 거품은 거래를 막는 해충과도 같은 것이다. 환금성을 떨어뜨린다. 인구의 양이 증가하고 있지 않으나, 역세권이라는 이유로 가격수준만 높은 상태라면 하수들은 큰 거품에 시달릴 수 있다. 역세권 가치와 가격을 정하는 기준은 역시 거리보단 인구라는 사실을 제대로 인지하지 않으면 안 될 것이다. 역세권반경이 500미터지만 인구가 감소하는 지역이 있다면 그곳은 문제 있다. 투자가치를 고려할 필요 있다. 그러나 역세권반경이 1000미터 이상이지만 인구가 증가하는 곳이 있다면 그곳은 희망적이다. 거리를 파괴하는 입장. 상식을 파괴한다. 괴력의 역사가 형성될 것이다. 지제역의 미래가치에 대한 기대감이 높은 이유다. 직접역세권과 간접역세권의 기준과 가치는 거리가 아닌, 인구증가 및 집중 상황이라서다.

현재가치보단 미래가치 면에서 지제역을 기대하는 건 시간이 지날수록 높아만 가는 인근 고덕국제신도시 위상일 것이다. 그로 인해 다양한 인구를 확보할 수 있다면 가치와 가격이 정비례하는 특혜를 맞을 수 있을 것이다. 가격 상승세가 안정세를 유지할 수 있을 것으로 본다.

지제역과 진위역의 '지역미래예측도구'

일자리와 노동력은 잠재력으로 승화될 게 분명하다. 직주근접형부동산들의 존재가치가 높아질 수 있기 때문이다. 일자리와 더불어 잠자리까지 구비된 상황에선 그 가치가 높아질 수밖에 없다. 이런 여건에서 파생되는 유리한 점은 무엇인가. 여유와 자유다. 자유시간과 힐링의 시간을 맘껏 향유(만끽)할 수 있는 기회의 땅이 바로 노동력이 뒷받침 된 역세권인 것. 예를 들어 구로디지털단지역이나 가산디지털단지역의 미래가치는 지금도 높은 상태. 구로디지털단지역세권의 특징 중 하나는 다문화 냄새가 진동한다는 점이다. 인근 환승역 대림역 역량 때문일 거다. 다문화는 다양한 인구를 유도한다. 호기심을 유발시킬 수 있다. 관심을 이끈다.

직주근접형의 유리한 점은 시간의 노예생활에서 탈피할 수 있다는 것. 노예생활을 청산하고 놀이문화에 입성할 수 있는 기회를 맞이할 수 있다. 웰빙시대에 딱 맞는 것. 시간 및 공간 활용도가 높다. 다양화가 된다.
환승역 가산디지털단지역과 구로디지털단지역의 차이점은 분명하다.
가산디지털단지역세권은 정례화 된 지경. 새롭다. 신도시 분위기다. 대신 주말엔 한적하다. 그에 반해 구로디지털단지역세권은 주말에도 번잡하다. 구도심과의 연계성이 강한 편. 신구의 조화가 잘 이루어진 공간이 바로 구로디지털단지역세권이다. 유동인구가 다양하다.

진위역사

가산디지털단지역세권은 몰(mall)역세권. 몰 천국이다.

구로공단에서 G밸리로 승화된 곳이 바로 이곳이기 때문. 몰세권의 전형(천국), 전용이다.

가산디지털단지역세권 – 전문성이 강한 공간(젊은 동력이 세다)

구로디지털단지역세권 – 다양성은 물론이고 대중성도 높은 공간(인구의 다양화를 추구한다)

가산디지털단지역세권의 두 얼굴 – 키 큰 새 빌딩과 작고 오래된 건물과의 조화. 공존 중이다.

예) 금성출판사와 한성컴퓨터가 자신의 역사와 전통을 통해 지역존재감과 자존심을 선보이고 있다. 금성출판사는 2층 건물이나, 건폐율이 매우 높다. 한성컴퓨터건물은 4층으로 이 역시 건폐율이 매우 높다.

옛날 건물과 현대식 건물의 공존현장을 보고 많은 걸 느꼈다. 전통과 역사를 무시하면 안 되겠다 싶었다. 옛날이라는 과거가 있어 지금의 현재상황과 그 가치, 그리고 미래가치를 기대할 수 있는 것 아닌가.

금성출판사 등 기존 옛날 건물 분위기는 정겹다. 마당이 존속하는 데 그건 개인이 주인이다. 현대식 건물과 다른 성격을 가지고 있다. 현대식 건물의 경우 건폐율보단 용적률에 몹시 신경 쓰는 모습. 조망권 등에 신경 쓴다는 느낌이 든다. 마당이나 정원은 개인 소유보단 공유하는 게 상례. 실속을 차린다.

언감생심, 필자가 볼 땐 평택 지제역과 진위역의 미래가 바로 가산디지털단지역세권과 구로디지털단지역세권이 아닐까 싶다.

반전 및 진보속도와 그 형태가 문제일 뿐 변화를 기대한다.

물론 지제역의 미래는 삼성이, 진위역의 미래는 LG가 진두지휘할 것으로 예측된다.

대기업 영향력을 기대하는 대목. 명분이 크다. 높다.

진위역, 지제역의 미래예측도구 – 구로디지털단지역(색깔만 다를 뿐 그 성향과 성격은 거의 동일하다고 본다).

지제역 – 국제신도시 영향을 받을 것이다.

서정리역의 직접역세권 규모에 따라 지제역의 생명력이 달라질 수 있다. 이는 마치 서정리역이 직접역세권역할을 하고 있다면 지제역이 바로 간접역세권역할을 하고 있는 것이다.

그만큼 이들은 하나라는 것! 서로 친한 관계다.

지제역은 국립한국복지대학이, 서정리역일대는 국제대학이 있다. 젊다.

지제역의 10년 후 모습을 그린다. 그려본다. 조감도를 스스로 그려본다. 지금의 구로디지털단지역 모습과 거의 흡사할 것이나, 지금의 구로디지털단지역세권의 60% 수준에 도달한다면 일단 성공적이다. 10년 후의 구로디지털단지역 모습도 변할 테니까.

서울과 평택의 차이점 때문.

서울인구는 계속 급감의 구도를 그릴 것이고 평택은 10년 후 수원인구 수준에 도달할 게 분명하다.

하나는 젊어지고 하나는 늙어지는 상황이 전개되고 있는 것이다.

구로지역과 평택의 공통점 – 중국인들이 범람하고 있다

큰일이다. 이런 식이라면 국토 대부분을 중국인 차지가 될지도 모를 일이다.

구로디지털단지역 6번 출구 인근 모습은 흉물스럽다. 물리적 안전성이 매우

낮은, 낡고 오래된 저층아파트가 방치된 지경. 위험하다. 행인의 행로를 막는 입장. 이런 모습이 평택 지제역세권의 미래일 수도 있다. 역사는 돌고 도는 법이니까.

젊음과 패기의 역세권 – 환승역 강남역세권
다양성을 추구하는 일자리와 주변 경기도와의 강한 연계성이 자랑거리인 역사 – 사당역, 잠실역

사당역세권과 구로디지털단지역세권과 그 성격이 비슷하다. 지제역세권의 미래를 함께 그려본다. 긍정의 눈빛으로 말이다.

02 | 갈매신도시 역세권과 별내신도시 역세권
수도권 미니신도시를 대표할 만한 두 곳이 있다.

구리 갈매신도시와 남양주 별내신도시가 바로 그곳. 이들 신도시 위상에 관심 있는 분들이 늘어나고 있는데 구리남양주 테크노밸리조성 확정에 대한 영험도 무시할 수 없다. 대규모 주거단지도 속속들이 입성할 채비. 지역발전에 대해선 아직 미온적이나, 빈 부동산이 채워지면서부터 지역분위기가 반전되거나 진보적으로 바뀔 수 있을 것이다.

갈매신도시 역세권과 별내신도시 역세권의 차이점 – 갈매역세권의 경우 주

갈매역사

갈매역 앞

별내역 이마트

별내역 주변 조감도

거단지와 역사의 접근도가 높은 편이다. 별내역은 아직 그 반대의 상황. 그러나 별내역 미래가치는 높다. 별내선이 완성되는 날부터 또 다른 기대감을 가질만하므로. 갈매역의 현 상황은 아직 공실률과 미분양률이 높다. 갈매역 인근 주택단지1(도시형생활주택)의 경우, 역과의 접근도가 좀 떨어져 있다. 역과 떨어진 상가주택, 주택상가 등의 공실률 역시 높은 편. 그러나 추후 다 채워질 것으로 예상된다. 상식선의 착한 가격으로 접근한다면 말이다. 프리미엄에 관한 높은 기대감과 붕괴된 분양권판매 등 가수요세력들과 연관된 것에 연연하기보단 실수요가치에 집중하는 게 지역발전에 이바지 할 수 있는 일일 것이다. 비어 있는 부동산은 비어 있는 가치를 의미한다. 삶의 가치 말이다. 가격에 집착하는 일이 장기간에 걸쳐 이어진다면 이들 지역은 수많은 시간이 지나도 높은 공실현상을 탈피할 수 없을 것이다.

구리남양주 테크노밸리조성이 확정된 상태에서 구리 갈매의 미래가치를 높게 평가할 수 있는 건 별내지구와의 높은 접근도 때문이다. 차후 두 도시의 완성도가 높아질 때 수도권을 대표할 만한 대형공간으로 그 위상이 높아질 것으로 보인다. 갈매역과 별내역 간 거리는 불과 1.3km. 도보로 20분, 자전거로 6분이 소요되는 거리다. 갈매역과 별내역의 물리적여건(입지)은 둘 다 최고수준이다. 서로 연계하여 지역라이벌구도를 그릴 수 있는 여유와 자유가 있다면 지역경쟁력이 곧 지역잠재력으로 승화될 수 있을 것이다. 다만 지역거품과 인구조건이 관건이다. 이 두 난제만 어느 수위 해결할 수 있다면

별내선 복선전철 공사 현장

이 두 지역의 미래는 탄탄대로를 달릴 수 있다고 본다. 이미 개발구도는 정립된 상황이므로. 서울과의 접근도가 높다는 점이 강점 중 강점이다. 누가 뭐래도 갈매신도시와 별내신도시는 미니신도시. 그 이상일 수 없기 때문이다. 개발의 한계 때문. 개발제한구역이 넓게 분포되어 있다는 지역특성 때문이다. 녹지공간이 넓게 분포되어 있으므로 가격거품에 대한 조율과정의 필요성이 대두되는 상황.

친환경적 자연의 가치는 거품의 대상이 아니므로 (가격거품수준이 높은) 거품에 신물을 느낀 서울인구들은 또 다른 형식의 거품에 접근을 꺼린다.

별내역과 갈매역의 또 다른 특성 – 별내역 앞은 편익시설(이마트)이 존속하고 갈매역 앞은 주거시설(아파트단지)과 편익시설이 구비되어 있다. 갈매역으로 가는 별내역1번 출구는 폐쇄된 상태다. 2번만 사용 중이다. 갈매역과 별내역은 운동 삼아 걸어 다녀도 좋을 정도로 서로 접근도가 높다. 이는 가장 강력한 강점이 될 수 있을 법하다. 두 공간이 하나가 되는 날이 여기에 투자하는 투자자의 이유이자 목표일지도 모를 일. 갈매역세권과 별내역세권의 높은 접근도는 이 지역의 희망이다. 선의의 경쟁을 통해 진보할 수 있을 것이다. 구리 남양주 지역라이벌구도는 지금부터 그리기 시작할 것이다. 별내, 갈매는 이별할 수 없는 막역지간이다.

03 | 서해선 소사~원시선의 미래구조(가치구조)

경기도의 위력이 또 한 차례 거세질 기세다. 기회가 찾아왔다. 예비거대도시인 부천시와 안산시 지도가 바뀔 수 있는 기회. 지역전도(全圖)만 바뀌는 건 아닐 거다.

부천의 현재 인구규모는 약84만 명, 안산은 73만 명을 상회한다. 인구규모 대비 부천과 안산의 집값수준은 높은 편이 아니라, 일단 서민들의 희망공간이라 여겨진다. 정서적 힐링공간으로 제격이라는 생각이 든다. 주거시설의 가격수준이 낮아 대다수 서민들과의 접근성이 높아서다. 소사~원시선 개통이후 집값상승이 우려(?)된다. 예비거대도시인 화성시와 연계되는 소사~원

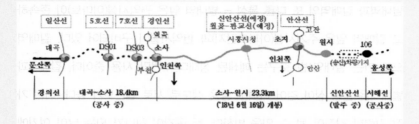

서해안 철도 노선도

시선의 미래는 젊다. 역시 부동산 거품수준이 서울 대비 낮아서다. 무주택 젊은 서민들의 희망 공간이라는 점에서 여러 사람들이 공감할 것이다. 미래 가치를 경주할 필요성이 있는 것이다. 서해선의 완성도가 높아지는 판국이 다. 이는 경기도 거대도시 급증과 무관치 않다. 예컨대 부천, 안산, 화성, 평 택 등이 현재의 위치에서 급부상 할 수 있을 것이다. 경기도 위력과 위상이 자연히 높아질 수 있는 형세.

소사~원시선의 미래(개발)효과 – 수도권 안에 거대도시가 급증할 것이다. 소사~원시선은 부천 소사역에서 시흥시청역, 안산 원시역까지 연결되는 길 이 24km에 이르는 노선으로 12개 역을 통과하고 있다. 소사역과 초지역에 서 경인선(서울1호선), 안산선(서울4호선)과 환승된다. 이후 신안산선과 월곶 ~판교선이 개통하면 시흥시청역에서 환승해 여의도, 인천, 안양, 성남 등과 연결된다. 향후 남북측으로도 확대될 예정이다. 북축으로는 대곡~소사선으 로, 그리고 경의선과 연결된다. 남측으로는 서해선(홍성~원시), 장항선 등과

원시역

원시역 앞

연계된다. 경기지역 인구규모가 거대해질 수 있는 이유(기회)다. 거대도시급 증의 모토가 이미 마련된 상황.

소사~원시선의 효과 – '빨대효과 확대'

예) 안산 중앙역 일대 화력이 더 확대될 기회다. 그 기세와 위용이 더 커질 것이다,

여주~판교선(경강선)과 소사~원시선의 차이점은 크다. 경강선의 광주 이천 여주의 인구규모와 소사~원시선의 인구규모 차이가 크기 때문이다. 광주 이천 여주의 총 인구는 약64만 명. 그에 반해 안산 부천 시흥의 총 인구는 약202만 명. 극명한 차이를 보인다. 가치와 별개로 인구규모 차이가 크다.

이는 도시 완성도의 차이일 것이다. 경강선 세 개 노선(광주 이천 여주)은 도농복합시로 자연친화적이다. 이 틀에서 쉽게 벗어날 수 없다. 특히 광주는 100% 자연보전권역에 포함되어 있는 입지조건을 가지고 있다. 작은 부동산이 즐비한 이유다. 그린벨트1번지인 시흥 등 세 개 도시는 도시 친화적으로 도시와의 친화력이 높다 할 수 있겠다. 단 인구의 질적 가치에 관한 차이는 크지 않다고 본다. 부동산과 달리 모든 사람은 평등하므로.

서해선 초지역세권과 원시역세권

기존역인 초지역(구 공단역)과 종착역인 원시역 역할에 지대한 관심을 보이

는 분들이 증가하고 있다. 환승이 가능하고 고용인구 역할이 극대화 될 수 있는 기회라서 가능한 시나리오. 초지역세권의 현재가치는 낮다. 공허감마저 든다. 현장감이 높지 않다. 긴장감은 높은 편. 공사가 한창 진행 중이라서다. 초지역세권의 미래는 밝다. 현재가치 대비 미래가치가 달라질 게 뻔하므로. 골목상대할 만하다. 역 앞에 대규모 주거시설을 건설하고 있어서다. 미분양만 주의한다면 최고 가치를 구가할 수 있을 것이다. 역 역량을 십분발휘할 수 있다. 인근에 공장이 성행하여 베드타운에 머무는 경우는 없을 것이다.

서해선 초지역의 환경오염도는 비교적 낮다. 녹지조성과 주거시설조성이 함께 이루어지고 있기 때문일 것이다. 원시역 환경오염도는 상대적으로 그리 좋은 상태는 아니라 본다. 공단의 다양성에서 바라본다면 말이다. 공장이 즐비하다. 지식산업센터가 성장세다. 성장가동 중이다. 환승역 초지역보다 종착역 원시역의 현장감이 훨씬 높은 상태다. 일자리의 다양성에서 유리한 고지를 점하고 있기 때문. 잠자리에 치중할 수 있는 초지역과 비교된다. 상업시설 이용객도 다양한 편. 분양사무실이 존속하는 것만 봐도 그렇다(예–지식산업센터분양).

서해선 개통으로 특수를 누리는 곳은 세 곳. 부천과 안산, 시흥일대가 바로 그곳이다. 부천은 기존1호선과 7호선에 서해선이 포함(+연계)되는 바람에 돌풍을 예고한 지경. 100만 거대도시로 거듭날 수 있는 기회다. 4호선이 지나

초지역

초지역 앞 공사 현장

는 안산과 시흥도 인구급증세를 기대한다. 특히 시흥은 수인선도 존재해 그 가치에 대한 기대감이 관대한 편이다. 초지역을 '주거역세권'으로 추천한다면 원시역은 '공장역세권'이라고 명명할 수 있을 것이다. 지식산업센터 분양의 활개와 활약상에서 그 이유를 찾을 수 있다. 고용인구가 증가할 수 있다. 주거시설을 분양 중인 초지역과 달리 원시역은 공업시설을 분양 중인 것이다. 주거인구가 증가하는 초지역일대와 고정인구(고용인구)가 증가하는 원시역일대가 급변할 것이다.

시작은 미약하나 끝은 창대할 것이다.

서해선 소사~원시선이 완성되므로 안산의 힘은 더욱더 가중될 수 있다. 기존 8개 역에서 12개로 확대되어 많은 이들로부터 환대 받는 입장이다. 안산 및 화성 역시 인구규모가 커질 기세다. 젊은 인구가 몰릴 게 분명하므로. 화성의 일부 부동산 분양가가 안산 대비 저렴할 수 있어서다. 인구밀도의 차이가 크다. 실수요 겸 투자자가 급증할 것으로 예상된다. 한걸음 더 나아가 서해안복선전철 안중역세권마저도 그 힘이 배가가 되어 평택 투자자도 급증세를 탈 것으로 예상된다. 탄력을 받을 것이다. 평택 인구규모가 커지면 서해안복선전철 일부구간인 당진 홍성 일대 역시 적잖은 영향을 받을 수 있다. 시간이 흐를수록 그 기대감이 증폭될 것이다.

특히 당진은 상대적으로 저평가 된 지역으로 소액투자자가 대거참여 할 수 있는 기회의 공간이다. 점진적으로 잠재력이 높아질 기세다.

부동산의 연계 및 확장성을 누가 감히 막을 수 있으랴. 부동산의 가격과 연계성, 확장성을 막을 수 없다. 국가원수도 막지 못한다. 마치 부동산폭등세를 막을 수 없는 양 말이다. 서해선의 힘은 경의중앙선 버금갈 것이다. 경의중앙선은 수도권의 힘을 대변하지만 서해선은 향후 수도권과 충청권의 힘을 아우를 기세이기 때문이다. 세력이 확장될 것이다. 수도권과 강원권을 아우르는 경춘선 상황은 어떤가. 관광도시가 즐비한 강원도의 영향력은 유동인구 중심으로 역동하는 위세일 것이다. 그러나 서해선은 고정 및 주거인구가 주축으로 역동할 기세다. 평택 화성 등 젊은 도시의 위력이 곧 지역잠재력으로 승화될 것이다. 결국 전철노선의 진화+변화는 주거 및 고정인구의 위용에 따라서 응용의 방향이 관철될 것이다. 그 기준에 따라 갈릴 것이다.

경의중앙선이 수도권의 다양한 인구를 흡입할 수 있다면 서해선은 지방오지에게도 희망노선으로 그 역할을 다할 것이다. 지역 간 불균형과 갈등해소, 그리고 부동산에 관한 빈부격차도 어느 수위 해갈 할 수 있다는 차원에서 기대감이 크다 할 수 있다.

04 | 시흥시 미래가치를 관철할 수 있는 전철 둘

서해선 영향력(결과와 효과)이 과연 어느 수준까지 분출할 수 있을까 그 수위가 기대된다. 서해선의 개통으로 경기도 부천, 안산과 더

오이도역

붙어 시흥이 변할 채비를 지금 하고 있는데 그 전면엔 환승역인 오이도역 역할과 수인선 월곶역 역할이 작지 않을 것으로 예측된다. 오이도역과 월곶역은 가깝다. 지역라이벌구도를 그릴 수 있다. 마치 갈매역과 별내역 모습처럼 말이다. 서로 친하다. 호형호제관계다. 오이도역과 월곶역의 성격은 비슷하다. 갈 길도 비슷하다. 웰빙의 거점 + 지점이라는 점에서 말이다.

오이도역세권의 특징 – 주변 관광명소와 직접 연계할 수 있는 입지조건을 가지고 있어 해당지역의 주거 인구입장에선 천혜의 자유와 여유를 입고 있다. 그에 따라 유동인구가치도 덩달아 높아질 것이다. 그 수 또한 급증세를 탈 것으로 예상된다. 오이도역세권은 인근의 월곶역세권과도 연계할 수 있는 충분한 자질을 보유하고 있다고 본다. 그 외 서해선과의 연대도 수월하

오이도역 주변

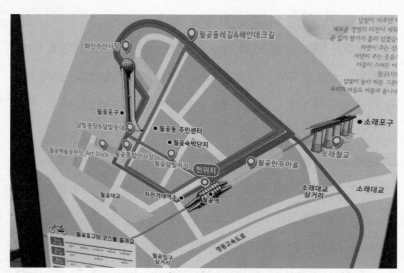

월곶역 주변 위치도

다. 환승역 오이도역과 서해선 환승역인 초지역과의 관계+연계 때문.

환승역으로서 오이도역 역량이 더 높아질 수 있는 기회다. 시흥은 서해선에 총5개 역이 통과하여 서해선 중심축역할을 톡톡히 할 수 있을 것으로 보인다. 수인선엔 2개 역이, 4호선에도 2개 역이 연계되고 있다. 교통의 편의 및 연계에 유리한 조건이다.

오이도역세권과 월곶역세권은 인구 300만 명의 인천광역시 힘과 근접할 수 있는 입지조건을 갖춘 상태라 미래가치를 긍정적으로 접근할 수 있을 것이다. 오이도역 3번 출구는 미개발 녹지상태를 유지하고 있지만 개발의 가능성이 높은 상황(예−시흥정왕지구 개발제한구역내 개발로 지주 조합과 조합원을 모집 중이다).

아마 서해선의 직간접적 영향 때문이 아닐까 싶다. 인구가 급증세이기 때문에 가능한 얘기다. 1,2번 출입구는 대형 환승시설설치공사가 한창 진행 중이다. 수인선 월곶역 앞의 구조는 오이도역과는 사뭇 다르다. 주거 및 교육시설 중심의 오이도역 대비 월곶역 일대는 유흥시설이 즐비해서다. 모텔촌과 아파트촌이 조화를 이루고 여기에 오피스텔 분양사무실이 함께 기지개를 켜고 있는 실정이다. 앞으로 분양될 도시형생활주택이 급증할 것이다. 인근엔 한우마을이 크게 형성되어 있다. 한우마을을 지나면 갯벌 광경을 볼 수 있는

데 갈매기의 웃는 목소리도 경청할 수 있다. 갯벌 건너로는 마천루가 즐비한데 그 광경도 구경거리가 될 수 있다.

최고수준의 웰빙공간을 확보한 지경(월곶해안로의 존재감이 높다). 월곶해안로 앞엔 시흥 월곶초등학교가 있는데 바다와 잘 어울리는 위치에 자리를 잡고 있어 아이들 정서적 교육에 지대한 영향을 미칠 것으로 보인다. 사교육의 산실이 바로 갈매기가 웃고 있는 바다가 될 수도 있다고 본다. 긍정적으로 접근하고 싶다.

월곶역과 해안도로와의 접근성은 최고수준이라 평가하고 싶다. 역에서 내려 우회전하고 해안도로를 다 돌면 월곶역과 직접 연계된다. 해안도로가 역을 감싼 형태라 도보로도 충분히 주변광경을 감상할 수 있다. 월곶역세권에 관한 존재감의 또 다른 의미(미래)는 오는 2020년 착공예정인 월곶~판교선에 관한 미래일 것이다. 시흥시 월곶역에서 성남시 분당구 심평동일대에 이르는 장장 40km길이의 노선. 경강선의 일부로 월곶역과 판교역을 잇는 수도권전철노선이다. 이 노선 중 시흥시청~광명역구간은 신안산선과 노선을 공용할 예정이다. 오는 2025년 개통예정이다.

월곶역세권과 판교역세권의 차이점 – 월곶역세권 주변엔 모텔이 즐비하나, 판교역세권 내에선 모텔 모색 하는 게 쉽지 않다는 점이다.

05 | 송도국제도시의 위상

인구 13만 명의 송도국제도시 위상의 나래가 날로 높아질 것으로 예측되는 상황에서 투자기간이 길어지는 이유가 궁금하다. 여기서 강조하는 투자기간은 개발기간의 다른 말일 것이다.

필자 생각엔 투자기간이 길어지는 건 키 큰 부동산이 많아서가 아닐까 싶다. 우후죽순 식으로 급증세다. 인근 동막역 일대 아파트높이와 사뭇 달라서 하는 말이다. 공간분위기 자체가 확연이 다르다. 공기(대기) 색깔마저 다르다는 느낌이 확 든다. 현재상황에선 키 큰 가격에 수요가 미처 따라갈 수 없다. 인도엔 행인의 그림자와 빛이 별로 안 보인다. 차량이동량만 많다. 갈수록 그 수가 급증세다. 도로 영향 때문일 것이다. 큰 도로와 새 도로의 가치와 그 위력을 무시할 수는 없다.

송도국제도시엔 큰 도로만 존재한다. 대다수가 새로 조성된 길이기 때문이다. 송도국제도시 안에선 작은 도로의 존재가치가 무의미하다. 작은 도로는 '흙'의 대명사. 흙을 의미한다.

이는 차량이동량이 증가하고 이동인구가 많지 않은 이유 때문일 것이다. 송도국제도시의 도로의 이중성을 곳곳에서 발견할 수 있다. 한적한 분위기를 유지하고 있는 인도 대비 차도는 여전히 번화한 편. 복잡하고 바쁜 모습이다. 개인적으로 현장감과 적막감에 수시로 스스로 빠질 수 있는 지경이다.

인천1호선의 일부구간은 송도국제도시를 대변하는 입장. 존재가치가 도로 그 이상이다. 즉 인천1호선 일부구간은 송도국제도시구역(구간)인 셈.

예) 지식정보단지역, 테크노파크역, 캠퍼스타운역 등
(시간이 갈수록 현장감이 높아져 잠재력을 발견할 수 있는 상황. 상황의 변화가 심한 편이다. 완성도가 높아지고 있다)

송도국제도시의 지역성질은 한 마디로 표현하자면 대중성이 낮은 대신 잠재성은 매우 높다고 볼 수 있다. 지역자체가 비범을 추구, 촉구, 요구하는 입장이기 때문이다. 평범을 타파한다. 인천경제자유구역의 위상인 것.

인천경제자유구역 세 곳의 영향력과 잠재력을 무시하면 안 된다. 저력이 있다. 세 곳의 개성이 모두가 상이해서다. 개성이 강하다. 송도국제도시엔 인천1호선 6개 역이 지나고 송도국제도시 마무리 시점인 오는 2020년의 계획인구는 265,611명(104,112세대)이다. 지식정보산업단지, 바이오단지 등이 입성한다. 청라국제도시와 영종지구에도 공항철도가 지나간다. 청라국제도시의 계획인구는 90,000명(33,210세대). 영종지구의 사업기간은 2003년에서 2020년.

계획인구는 183,762명이다. 송도와 접한 신연수는 그린벨트 다발지역(예-문

학경기장역 인근)으로 송도국제도시와 다른 색을 보지한다. 연수택지개발지
구와 송도국제도시와의 차이가 크다. 비교대상이 될 수 없는 이유다.

여하튼 경제자유구역 내 역세권의 위력 또한 만만하게 보아선 안 된다. 서울
과의 접근성과 대중성을 떠나 그만의 특별한 혜택을 누리고 있어서다. 그야
말로 최고수준의 웰빙, 힐링공간 아닌가. 웰빙공간 안에 역사를 공유할 수
있다는 건 큰 행운이다. 행복이다. 송도국제도시에서 행복감과 만족감을 느
낀다.

06 | 철도가 잠재력의 화신인 까닭

전철노선의 특징은 색다르다. 다양성을 촉구+추구한다. 그
세가 다양하게 분출, 확장하는 입장이다. 특히 종착역 역할에서 개성을 모색
할 수 있다. 종착역을 단순히 끝으로 인정할 필요 없다. 영원한 종착역은 없기
때문. 연장가능성이 높다. 종착역은 '끝'이 아닌 새로운 형식의 시작을 의미할
수도 있는 법.

마치 졸업이 새로운 시작과 도약인 양 말이다. 종착역은 끝을 의미하지 않을
것이라는 생각이 꼭 필요하다. 종착역에 긍정적으로 접근하라.

부동산가치 중 가장 낮은 가치는 막다른 골목이나 잠재력의 끝자리(끝장)에
놓인 상황을 말할 것이다. 더 이상 갈 수 없는 지경의 공간은 0(낭떠러지)에

근접한 것. 버스는 종점의 의미가 강하나, 전철은 그렇지 않다. 상대적으로 환승 및 연장 가능성이 높기 때문이다. 인구가 증가하고 각종 기반시설이나 지상물들이 증가하면서 도로가치가 높아지는 것이다. 이는 자연히 당연히 지하철 연장의 여유가 될 수 있을 것이다.

철도가 잠재력의 화신인 까닭 – 종착역이자 환승역(세권) 역량을 견지할 필요 있다.
단순한 종착역 그 이상의 역할을 할 수 있기 때문이다. 환승역할을 할 수 있기 때문에 가능한 일.

범례) 1호선 인천역은 환승역세권이지만 현장감이 낮다. 상가공실률도 높은 편. 그러나 인천역세권의 역할과 그 존재감을 무시할 수 없는 건, 그만의 소중한 개성과 가치 때문.

인천역은 수인선과 환승이 가능해 존재감은 높다. 특히 개성이 강하다. 차이나타운과 인천자유공원의 존재감은 우리만 느끼는 건 아니다. 외국관광객들에게도 중요한 역할을 하는 것 같아서 하는 말.

종착역에도 랜드 마크가 존재한다.

인천역사

인천 차이나타운 정문

붉게 물들은
낙조가 아름다운
시흥의 명소
오이도

서해와 맞닿은 자연의 섬, 오이도

오이도는 시흥시의 서남쪽 해변에 위치한
섬 아닌 섬으로 신석기 시대를 비롯한
각 시기의 유적이 여러 차례에 걸쳐 발굴되어
국가사적 441호로 지정된 중요 유적지이자,
각종 해양자원이 풍부한 관광지입니다.

만조 때는 출렁이는 바다 내음을, 썰물 때는
살아 움직이는 바다 생물들의 생활모습을
엿볼 수 있고, 저녁에는 아름다운 낙조를
만날 수 있는 시흥의 명소입니다.

4호선 오이도역 역시 수인선과 갈아탈 수 있는 환승역세권. 지역색깔은 관광지역과의 강한 유대관계 정립과 연계성이다. 당고개역은 현재 4호선 종착역. 이 역시 미래가 맑음이다. 미래의 환승역이기 때문이다. 경기도 남양주시와 손잡고 새 역사를 창궐한다. 당고개역세권의 미래상은 현 상황의 사당역세권 버금간다. 경기지역과의 연계성 강화 때문으로, 추후 경기북부지역과 직접 연계된다. 역세권세력이 확장된다.

3호선 복정역은 분당선과 직접 연계된다. 환승역세권역할을 톡톡히 하고 있는데 위례신도시 존재감이 어느 수위일까 궁금하다. 위례신도시 위세와 직결될 것이다. 6호선 연신내역은 3호선과 연계되는 환승역세권. 7호선 부평구청역은 1호선(인천지하철)과 연계되는 환승역이다. 8호선 모란역은 분당선과 연계된다. 9호선 종합운동장역은 2호선과 연계되는 환승역사다.

'종착역' 자체로 미래가치를 함부로 판단하면 안 된다.

종착역 주변 지경에 신경 쓸 필요 있다. 마치 땅 답사과정을 밟을 때 땅 자체만 보지 말아야 하는 양 말이다. 땅 주변이 중요한 것처럼 종착역 인근의 변화여정을 정밀하게 진단+체크할 필요 있다. ✱